Nelli und Christian Bangert
Follow me

Über die Autoren
Nelli und Christian Bangert leiteten einige Jahre eine Jugendgruppe in Gelnhausen. Ihre Leidenschaft war und ist es, Jugendliche in der Jesus-Nachfolge zu ermutigen und zu stärken. Gemeinsam entdecken sie gern Gottes wundervolle Welt beim Wandern und Reisen.

CHRISTIAN &
NELLI BANGERT

FOLLOW ME

40 KREATIVE ANDACHTEN FÜR DEINEN GLAUBEN

Die Bibelstellen sind, soweit nicht anders angegeben,
der „Neues Leben. Die Bibel" entnommen,
© der deutschen Ausgabe 2002 / 2006 / 2017 SCM R.Brockhaus
in der SCM Verlagsgruppe GmbH, Holzgerlingen
Darüber hinaus wurden verwendet:
Hoffnung für alle®, Copyright © 1983, 1996, 2002, 2015 by Biblica, Inc.®.
Verwendet mit freundlicher Genehmigung des Herausgebers Fontis (Hfa)
Die Bibel nach Martin Luthers Übersetzung, revidiert 2017,
© 2016 Deutsche Bibelgesellschaft, Stuttgart (LU)

2. Auflage 2025
Bestell-Nr. 817905
ISBN 978-3-95734-905-7

Umschlaggestaltung: Andreas Sonnhüter · grafikbuero-sonnhueter.de
Umschlagmotiv: milky way; shutterstock.com
Lektorat: Verena Keil
Satz: Uhl + Massopust, Aalen
Druck und Verarbeitung: GGP Media GmbH, Pößneck
Printed in Germany

www.gerth.de

Für die Jugend in Gelnhausen.
Ihr seid voll der Hit! 😊

INHALT

CHALLENGE-CHECKLISTE

Hier kannst du die Challenge in der jeweiligen Andacht abhaken, wenn du sie gemacht hast.

👣 **Exodus-Tour (1–3)**
- ☐ Ab ins Wasser
- ☐ Lagerfeuer
- ☐ Gebet – Zeit mit Gott

⛵ **Wellenreiter-Tour (1–7)**
- ☐ Flugangst
- ☐ Echt schön – und kein Fake!
- ☐ Voll im Flow
- ☐ Step by Step

🧭 **Querfeldein-Tour (1–12)**
- ☐ Du schaffst das
- ☐ Handgepäck
- ☐ Zwischenstopp
- ☐ Powerschoki für die Seele
- ☐ Ruf an, wenn du gelandet bist!

🪧 **Löwenpfad-Tour (1–20)**
- ☐ Real Talk mit Gott
- ☐ Basislager
- ☐ Gemeinsam sind wir groß!
- ☐ Spiegelbild
- ☐ Missionseinsatz
- ☐ Auf die Gaben, fertig ... los!

- ☐ Unter Druck
- ☐ Geld, Geld, Geld ...

⛰ **Gipfel-Tour (1–40)**
- ☐ Der Soundtrack deines Lebens
- ☐ Dein Bild von Gott
- ☐ Dankbarkeitstrainer
- ☐ Always travel in pairs
- ☐ Lauwarme Suppe schmeckt nicht
- ☐ Waschtag
- ☐ Dein Körper – ein Tempel
- ☐ Las Vegas
- ☐ Gemeinsam – weniger allein
- ☐ Doppelzimmer
- ☐ Medikit
- ☐ Worte haben Macht
- ☐ Marathon
- ☐ ID-Check
- ☐ Work & Travel
- ☐ Endlich daheim
- ☐ Bei Gott zu Hause sein
- ☐ #nofilter
- ☐ Tickets für Planetarium
- ☐ Camping – aber nicht für immer

0 READY FOR TAKE-OFF?

Herzlich Willkommen an Bord! Schnall dich an und mach dich bereit. In diesem Buch erwarten dich 40 Andachten, die dich im Glauben abheben lassen. 40 Andachten, die dich in deiner persönlichen Jesus-Nachfolge stärken werden. Aber da wir wissen, dass Nachfolge gemeinsam mit anderen viel leichter fällt und so viel mehr Spaß macht, wollen wir dich an den Hinweis „Always travel in pairs" erinnern, was so viel heißt, wie: „Reise immer zu zweit". Zu zweit ist man auf einer Reise sicherer, man entdeckt so viel mehr – und es macht viel mehr Spaß! Vielleicht kommt dir ja ein Freund oder eine Freundin in den Sinn, mit dem bzw. der du gemeinsam reisen willst? Wenn ja – frag doch gleich mal an.

Sobald sich dein Reisepartner im Nachbarsitz befindet und wie du angeschnallt ist, checkt doch mal eure Terminkalender. Überlegt, wie lange ihr gemeinsam verreisen wollt. Es gibt viele Möglichkeiten: Ihr könnt einen Trip von drei, sieben, zwölf, zwanzig oder vierzig Wochen wählen. Vielleicht wollt ihr erst mal mit drei Wochen beginnen und die Reise dann nach Lust und Laune ausdehnen? Eine Verlägerung ist jederzeit möglich! 😉

Für jede Tour gibt es einen Travel-Badge, den ihr auf

eurem imaginären Rucksack befestigen könnt. Und hier unsere Tourenvorschläge:

 1–3: **Exodus-Tour**

 1–7: **Wellenreiter-Tour**

 1–12: **Querfeldein-Tour**

 1–20: **Löwenpfad-Tour**

 1–40: **Gipfel-Tour**

Zur Vorbereitung der Reise brauchst du keine umfangreiche Packliste. Wichtig sind eigentlich nur Gott und du. Dazu, wenn du magst, deinen Freund bzw. deine Freundin. Damit bist du auch schon startbereit! Du kannst dich einmal pro Woche live oder online mit deinem Reisepartner treffen, um gemeinsam eine Andacht zu lesen und über eure Entdeckungen auf dieser Reise zu sprechen. Aber nicht nur das – sonst wäre es doch etwas langweilig: Am Reiseziel jeder Woche fordern wir euch mit der „Wochen-Challenge" heraus, das Gelesene auch wirklich in die Tat umzusetzen. Denn Jesus-Nachfolge geschieht beim Gehen – und nicht beim Lesen.

Bei der Challenge könnt ihr euch gegenseitig unterstützen und anfeuern. Wenn du die Challenge geschafft hast, kannst du sie am Anfang des Buches abhaken. Ob du am

Ende genauso viele Kreuzchen wie dein Reisepartner gemacht hast? Wenn du mal keine Puste für die Challenge hast, dann ist das natürlich auch in Ordnung. Dann darfst du einfach die Aussicht genießen und mal nichts tun – schließlich soll es ja keine stressige Reise für dich sein.

Nun wünschen wir dir für deine Abenteuertour ganz viele schöne Momente mit Gott, viel Mut, eine Riesenportion Freude – und jede Menge Bewahrung.

Deine

Nelli Christian

1 AB INS WASSER!

Am nächsten Tag wollte Jesus nach Galiläa ziehen und findet Philippus und spricht zu ihm: Folge mir nach!

Johannes 1,43; LU

Vermutlich kennst du das: Du stehst auf dem 3-Meter-Brett. Unten schauen deine Freunde gespannt zu dir hoch. Du schaust runter. Und überlegst: *springen oder nicht?* Gerade beim ersten Mal war das für mich eine große Hürde. Ich meine – drei Meter! Hallo? Das war so unglaublich hoch... Da können einem schon mal die Knie schlottern. Ich kann mich noch gut daran erinnern, wie ich einmal da oben stand und mich einfach nicht getraut habe zu springen. Und dann musste ich wieder an allen Menschen vorbei, um die Treppe runterzugehen... So kurz vor dem Sprung wieder den Rückwärtsgang einschalten – oh Mann, war das peinlich!

Jesus zu folgen – das ist tatsächlich gut vergleichbar mit dem Sprung ins Wasser. Um ihm wirklich zu folgen, müssen wir tatsächlich... springen. Rein in die Nachfolge. Rein in die Beziehung mit Jesus. Rein in das Abenteuer – ohne zu wissen, was genau passieren und wie sich das „anfühlen" wird.

15

Als Jesus seine Jünger berufen hat, tat er das immer wieder mit einem einfachen Satz: „Folge mir nach!"

Stell dir vor, du bist gerade in einer Arbeit vertieft. Plötzlich siehst du, wie Jesus – von dem du schon mal hier und da gehört hast – auf dich zusteuert, dir in die Augen schaut und sagt: „Hey, auch wenn du mich noch nicht so richtig kennengelernt hast: Komm mit! Folge mir nach!"

Du fragst: „Aber, wohin denn, Jesus??"

„Das wirst du sehen. Immer hinter mir her. Schritt für Schritt."

Tja – und dann? Müsstest du eine Entscheidung treffen. Willst du wirklich alles hinter dir lassen? Oder doch lieber den Rückwärtsgang einlegen und weiter dein bisheriges Leben leben?

Diese Entscheidung kann dir keiner abnehmen. Und niemand kann dich dazu zwingen. Deine Eltern können dich höchstens dazu zwingen, in die Kirche zu gehen oder in den Jugendkreis. Aber wirklich Jesus nachzufolgen – dazu kann dich nichts und niemand überreden. Diese Entscheidung kannst nur du selbst in deinem Herzen treffen.

Die Antwort auf die Frage, ob du Jesus nachfolgen willst oder nicht, wird dein Leben prägen wie nichts anderes. Denn mit einer Pro-Entscheidung lässt man seine eigenen „Rechte" und „Vorstellungen" zurück und lässt sich voll und ganz auf Jesus ein. Das heißt zum Beispiel:

Ich frage ihn, welcher Partner zu mir gehören soll. Welche Ausbildung ich machen soll. Ich lasse ihn in mein Leben hineinsprechen und auch Dinge aufzeigen, die nicht gut laufen. „Nelli, sei nicht so neidisch. Stolz ist nicht so sinnvoll. Nelli, willst du nicht den Schritt der Vergebung gehen? Ich habe dir doch auch vergeben." Ja, tatsächlich, Jesus spricht konkret in mein Leben hinein. Durch Gedanken, die er mir schenkt – und die nicht von mir kommen. Durch die Bibel, die mich korrigiert und ermutigt. Durch viele, viele Schritte des Vertrauens, indem ich Jesus immer wieder sage, dass ich ihm folgen möchte.

Sein Weg für mich ist natürlich nicht immer leicht – deswegen bin ich hin und wieder auch versucht, nach einem eigenen Weg zu suchen, der vielleicht leichter ist. Aber ganz im Ernst: Ich will nicht mehr ohne Jesus sein. Ich möchte ihm vertrauen, dass er mich gut führen wird.

Während wir – Jesus und ich – so unterwegs sind, verändert er mich und mein Herz.

Ja, Jesus verändert das Herz seiner Nachfolger. Vielleicht war jemandem bisher Geld oder Erfolg superwichtig – und mit der Zeit versteht er, dass er seinen Reichtum in Jesus hat. Vielleicht war ihm vorher wichtig, ein Bilderbuchleben zu führen, mit Frau und Kindern und einem Hund und so. Und mit der Zeit versteht er, dass es viel mehr gibt als das.

Das Schönste an der Nachfolge ist, dass meine Beziehung zu Jesus immer stärker und liebevoller wird. Ich fühle mich immer wohler in seiner Nähe und lerne zu verstehen, dass er es *wirklich* gut mit mir meint, auch wenn er mich auf unbequemere Wege lockt.

Ihm nachfolgen ist eine große Challenge. Ja, ich bin gesprungen, ohne zu wissen, wie es sich „anfühlen" wird. Aber ich bereue diesen Sprung nicht. Im Gegenteil! Dieser Sprung hat mein Leben verändert. Jesus selbst hat mein Herz, mein Denken, mein Sein verändert. Und tut es immer noch. Ich bin so dankbar dafür!

CHALLENGE

Stehst du noch auf dem „3-Meter-Brett"? Überlegst du noch, was die Leute sagen werden? *Werden sie diesen Sprung nicht total seltsam finden?* Aber du wirst dieses Wasser niemals fühlen, wenn du nicht selbst springst. Hör auf, dir alles „kaputt zu denken" und schenk Jesus dein Vertrauen. Lass dich einladen, ihm zu folgen. Du wirst merken: Dieser Weg wird anders sein als alles, was du bisher kanntest. Es wird dein Herz und dein Leben verändern, wenn du ihn in alle Bereiche reinsprechen lässt. Trau dich und spring!

Nelli

2 LAGERFEUER

*Gott beweist uns seine große Liebe gerade
dadurch, dass Christus für uns starb, als wir
noch Sünder waren. Schon jetzt sind wir von Gott
angenommen, weil Christus sein Blut für uns
vergossen hat.*

Römer 5,8–9; Hfa

Was ist das für ein Gott? Was ist das für eine Liebe? Verstehst du, was das für dich bedeutet?

Gottes Liebe ist unfassbar groß. Sie ist echt. Sie ist ewig. Sie ist jetzt. Du bist jetzt in diesem Moment geliebt. Unabhängig davon, ob du an Jesus glaubst oder nicht. Das Angebot steht für dich, *in diesem Moment*. Du kannst und musst es dir nicht verdienen. Es gibt keinen Weg, den du beschreiten und keine Zauberformel, die du sprechen musst. Gott ist jetzt schon da. Er liebt dich *schon jetzt*.

Das ist die Tatsache, die im Vers 8 beschrieben wird. Ich finde, das ist der Wahnsinn. Denn so oft fühle ich mich, als ob ich Gottes Liebe verspielt hätte. Dann kommen Zweifel in mir hoch, und ich fühle mich so unwürdig vor ihm und kann mir nicht vorstellen, dass Jesus mich immer noch will.

Doch Vers 8 sagt dir und mir, dass das eine Lüge ist. Seine Liebe war von Anfang an für dich und mich da. Sie ist jetzt da. Und sie wird immer da sein. Wir können uns Gottes Liebe nicht verspielen. Nie. Jesus streckt dir und mir seine Hand entgegen – immer wieder.

Das Einzige, was wir tun müssen, ist, seine Hand zu ergreifen. Ein einfaches Gebet genügt: „Herr, ich sehe, dass ich viel falsch gemacht habe. Vergib mir bitte meine Schuld und lass mich dein Kind sein."

Damit gilt für uns dann Vers 9: „wir [sind] von Gott angenommen, weil Christus sein Blut für uns vergossen hat."

Sein Blut steht hier für seinen Tod am Kreuz. Damit bist du kompatibel mit Gott. Jesus hat die Strafe und alle Konsequenzen getragen, die du eigentlich hättest tragen müssen. Sünde ist nämlich kein Spiel, sondern Zielverfehlung – und die zieht immer den Tod nach sich.

Doch jetzt gehörst du zu ihm. Gott hat einen Bund mit dir geschlossen, einen Vertrag, der ewig gilt. Und in diesem Vertrag gibt es kein „Kleingedrucktes". Du musst dich nicht nach jeder Sünde neu bekehren. Du bist auch dann, wenn du einen Fehler gemacht hast, in seiner liebenden Hand. Natürlich solltest du dich für den Mist, den du tust, bei ihm entschuldigen. Aber es ist wichtig, dass du weißt: Niemals wird Gott dich wegen eines Fehlverhaltens verstoßen. Das ist eine Lüge. Schau immer wieder auf den himmlischen Vater, der pure Liebe ist.

Lass dich fallen. Gottes Liebe ist wie ein Lagerfeuer, das dich in finsterer Nacht von allen Seiten wärmt. Jesus ist die Decke, die dafür sorgt, dass dein Rücken nicht kalt wird, und der Heilige Geist der Kakao, den du trinkst, um auch von innen gewärmt zu sein.

Gottes Liebe ist das Schönste, was ich mir vorstellen kann! *I'm no longer a slave to fear. I am a child of God.* Das ist der

Refrain von „No longer slaves", geschrieben von Jonathan & Melissa Helser. Während ich diese Andacht schreibe, höre ich immer wieder Zeilen aus diesem Song in meinem Kopf. Ja, das ist die volle Wahrheit: Schon vor der Geburt wurde ich erwählt von ihm. Seine Liebe durchströmt mich. Meine Ängste hat er in vollkommener Liebe ertränkt. So brauche ich keine Angst mehr zu haben. Ich darf dieses Gefühl der Kälte loslassen und den Worten Gottes glauben.

Komm, lassen wir uns von ihm umarmen und aufwärmen! Seine Liebe ist alles, was du und ich brauchen.

CHALLENGE

Ruf mal bei YouTube das Lied „No longer slaves" auf und lass dir parallel dazu den Liedtext (entweder auf Deutsch oder Englisch) anzeigen. Mach es dir richtig gemütlich und lass dich von dem Lied wegtragen. Höre es ruhig immer wieder an und lass dir diese Wahrheit von Gott liebevoll zusprechen: *Du bist mein Kind.*

Christian

3 GEBET – ZEIT MIT GOTT

Aber Gott hat mich erhört!
Er hat mein Gebet vernommen!

Psalm 66,19

Beten ist so eine tolle Sache. Ich liebe es, im Gebet Zeit mit meinem himmlischen Papa zu verbringen. Das sieht bei mir völlig unterschiedlich aus. Morgens habe ich meine „Stille Zeit" mit ihm, wo ich in der Bibel lese oder auch bete. Aber jeden Mittwochmittag verbringe ich eine Stunde im Gebet mit Gott. Diese Stunde am Mittwoch ist etwas, worauf ich mich immer total freue. Einfach viel Zeit mit ihm verbringen und wirklich viel Zeit zum Beten haben – das ist so ein Geschenk. Manchmal verbringe ich diese Zeit im Lobpreis. Dann mache ich mir eine Playlist an und drehe die Lautstärke richtig schön auf. Ich tanze im Wohnzimmer zur Musik und bete ihn an. Oder laufe im Wohnzimmer einfach umher und bete laut und rede mit ihm. Manchmal hebe ich meine Hände und spreche zu ihm oder knie mich hin. Manchmal lege ich mich auch auf die Couch und genieße es, in seiner Gegenwart zu sein. Oder setze mich hin und öffne mich für die Liedtexte der Songs, die ich gerade höre. Manchmal habe ich auch eher Lust, selbst Musik zu machen. Dann setze ich mich an mein Klavier und spiele und singe dazu – für Jesus.

Heute war ich eine Stunde in der Natur spazieren. Ich war so glücklich und einfach gut drauf, weil ich so viel Gutes von Jesus geschenkt bekommen habe. Erst mal habe ich ihm richtig lange für alles Mögliche gedankt. Für all den Segen, den ich gerade erleben darf. Meine Gesundheit ist wieder zurück, nachdem ich drei Wochen kraftlos und krank war. Für die Menschen in meinem Leben, für meinen Job, für meine Gemeinde, für die Freude in meinem Herzen und vieles mehr. Es war so richtig genial, Jesus einfach mal „Danke" zu sagen. Ich glaube, er freut sich total, wenn wir das machen. Er freut sich so sehr darüber, weil er uns all die guten Dinge im Leben schenkt.

Nach meinem Dankgebet habe ich ihm viele Anliegen gebracht, in der Gewissheit, dass es ihm nicht egal ist, wenn ich Probleme habe. In dem Wissen, dass ihm auch die Menschen, die mir sehr am Herzen liegen und gerade durch schwere Zeiten gehen, nicht egal sind.

Ich habe Jesus daran erinnert, dass er der beste Arzt aller Zeiten ist und ich ihn deshalb um Heilung für andere bitte. In der Bibel lesen wir so oft davon, dass Jesus Menschen geheilt hat. Ganz egal, ob sie körperlich oder seelisch gelitten haben. Es tat mir so gut, Gott meine Bitten zu bringen – und mir dafür richtig viel Zeit zu nehmen. Das hat mein Herz echt leicht und froh gemacht. Ich weiß, dass Gott mein Gebet erhört hat, und dass er sich um die Erhörung meiner Gebete kümmern wird. Richtig schön fand ich, als ich plötzlich mitten im Gebet so viel Wärme spürte: Die Sonne hatte sich einen Weg zwischen dunklen Wolken gebahnt und mich richtig angeleuchtet. Ich habe das für mich als ein Zeichen von Gott verstanden, der mir damit sagte:

„Nelli, ich habe dein Gebet gehört." Das hat mich mega gefreut und echt ermutigt.

In Psalm 66,19 jubelt David: „Aber Gott hat mich erhört! Er hat mein Gebet vernommen!" Ich finde diesen Vers so schön, weil hier so eine feste Zuversicht drinsteckt, dass Gott *jedes* Gebet hört. Manchmal haben wir ja das Gefühl, dass Gott nicht hört oder nicht antwortet. Aber die Wahrheit ist: Gott hört. Jedes einzelne Wort. Er liebt uns so sehr, und deswegen möchte er jedes einzelne Wort auch hören und wahrnehmen! Er hat immer Zeit für uns, und er liebt es, Zeit mit uns zu verbringen. Warum sollte er sich die Ohren zuhalten und bewusst weghören? Nein – das macht Gott nicht. Er ist unser himmlischer Vater, wenn wir ihm unser Leben anvertraut haben. Er liebt uns so sehr, dass er sogar seinen Sohn Jesus sterben ließ, um mit uns wieder in enger Gemeinschaft leben zu können.

Wir dürfen in jedem kurzen und langen Gebet ganz sicher sein, dass er uns auch wirklich zugehört hat. Ja, manchmal handelt er nicht so schnell, wie wir es uns vielleicht wünschen. Aber Gott hat unser Gebet auf dem Schirm und wird zu seiner Zeit eingreifen.

Sprich immer wieder mit Jesus – in Zeiten, die du bewusst mit ihm verbringst, und auch „zwischendurch", mitten im Alltagstrubel.

CHALLENGE

Verbringe eine Stunde Zeit mit Jesus. Krasse Challenge, oder? Andererseits: Wie schnell geht eine Stunde um, wenn man mit Freunden quatscht? Eine Stunde ist nicht lang, wenn man sich wirklich mit seinem Herzen darauf einlässt. Überleg doch mal, wann du dir diese Stunde mit Jesus nehmen möchtest, und trage sie dir in den Kalender ein. Überlege, ob du zum Beispiel rausgehen, in deinem Zimmer Lobpreis machen oder etwas ganz anderes tun willst. Und dann genieße deine Stunde mit Jesus. Lass dich drauf ein, nimm deine Herzensanliegen mit – und lass dir Zeit. Du darfst gespannt sein, was du mit ihm erleben wirst!

Nelli

4 FLUGANGST

*Ich habe euch das alles gesagt, damit ihr in mir
Frieden habt. Hier auf der Erde werdet ihr viel
Schweres erleben. Aber habt Mut, denn ich habe
die Welt überwunden.*

Johannes 16,33; NL

Jeder von uns kennt Angst in den unterschiedlichsten Formen. Ich habe zum Beispiel große Angst davor, meinen
sicheren Rahmen zu verlassen und etwas Neues auszuprobieren, bei dem ich scheitern könnte. Du hast vielleicht Angst
davor, ausgelacht zu werden, in der nächsten Klassenarbeit
zu versagen oder keine gute Ausbildung zu bekommen.

Angst lähmt uns. Sie verhindert, dass wir mutig Dinge an-
packen, und hält uns klein. Sie tut all das, was Jesus nicht
für uns möchte. Aber er will, dass wir frei sind.

Ich denke, dass Jesus deshalb so klar über Frieden im
Herzen spricht. Den Satz oben sagte er, kurz bevor er von
der jüdischen Tempelwache verhaftet wurde. Jesus selbst
kennt Angst. Er betete im Garten Gethsemane so intensiv, dass er Blut und Wasser schwitzte. Ja, er hatte Angst
vor dem, was ihm an Schwerem bevorstand. Er weiß des-

halb, wie es sich anfühlt, in die Ecke gedrängt zu werden, eine schwierige Zeit durchzumachen oder unter immensem Druck zu stehen.

Jesus weiß, dass wir im Leben immer wieder Angst haben werden. Gleichzeitig will er nicht, dass wir von dieser Angst kontrolliert werden. Er möchte uns liebevoll davon befreien. Das kann er, weil er auch die Angst durch seinen Tod besiegt hat.

Was mache ich nun ganz praktisch, wenn mich Angst überfällt? Wenn sie mein Sichtfeld verengt, wenn ich plötzlich nur noch auf die Angst starre und nicht mehr klar denken kann? In so einem Moment ist es echt schwer, sich an das zu erinnern, was Jesus uns zusagt. Ich habe mir deshalb ein „STOPP"-Signal gebaut. Du kannst dir wirklich so etwas basteln – oder einfach laut aussprechen. Wichtig ist, dass es deine Gedanken für einen Moment unterbricht. Nach dem STOPP spreche ich mir dann zu, dass ich diesen Weg jetzt nicht weitergehen will. Ich denke an den Vers am Anfang und richte meinen Blick auf Jesus.

Du kannst dir natürlich auch einen Bibelvers suchen, der besser zu dir passt. Mach mal eine kleine Recherche auf YouVersion oder im Bibleserver und suche nach den Worten „Furcht" und „Angst". Du wirst feststellen, dass es da viele Treffer gibt.

Gott hat seine Wahrheit, seinen Zuspruch „Hab keine Angst!" ganz tief in seinem Wort verankert. Ich denke da zum Beispiel an Josua. Er sollte die Israeliten ins Gelobte Land führen. Und die Israeliten waren nicht gerade dafür bekannt, dass sie sich leicht führen ließen. Gott sagt in Josua 1,9 zu Josua, dass er sich nicht fürchten und nicht verzagt sein soll. Dieses „Fürchte dich nicht!" lesen wir in der Bibel immer wieder. Gott meint es ernst. Du darfst auf ihn mehr vertrauen als auf die Angst.

Ein weiteres „Kampfgebiet" sind unsere Sorgen. Oft geht es da um die Zukunft oder um unsere Beziehungen. Sorgen sind so etwas Ähnliches wie Ängste, aber irgendwie dauerhafter. Die Angst bezieht sich oft auf eine konkrete Situation, während die Sorge dich eine lange Zeit begleiten kann. Ich persönlich sorge mich öfter um die Verwaltung unseres Geldes, um Freundschaften, meine Familie und darum, was Gott für uns als Nächstes geplant hat. Du kennst dich mit dem Thema „sich Sorgen machen" sicher auch recht gut aus. Ich habe vor einiger Zeit einen Vers für mich entdeckt, der das beste Mittel gegen meine Sorgen ist:

Können all eure Sorgen euer Leben auch nur um einen einzigen Augenblick verlängern? Nein. [...] Macht das Reich Gottes zu eurem wichtigsten Anliegen, und er wird euch all das geben, was ihr braucht. (Matthäus 6,27+33; NL)

Ich liebe diese Verse! Wenn mich Sorgen überfallen, dann rufe ich mir diese Aussage von Jesus ins Bewusstsein. Das beruhigt mich ungemein. Zum anderen zeigt es mir auch, worauf ich meinen Blick richten soll. Gott wird mich und auch dich versorgen, daran glaube ich. Da er sich um uns kümmert, darfst du deine Augen zuerst auf ihn richten. Du darfst zuerst nach den Dingen schauen, die Jesus wichtig sind. Es ist gut, wenn du dich auf ihn konzentrierst und dich zu ihm flüchtest. Er hält dich und wird sich um dich kümmern! Er lädt dich ein, sich von ihm führen zu lassen. Und das ist definitiv besser als seinen Sorgen hinterherzurennen.

Meine Erfahrung damit ist, dass es sich so definitiv leichter lebt. Bist du auch dabei?

CHALLENGE

Suche dir deinen Lieblingsvers gegen die Angst heraus. Setze ihn dir vielleicht als Hintergrund für dein Handy oder klebe ihn dir auf deine Handy-Hülle. Oder an den Spiegel. Solche Gedankenstützen sind mega-hilfreich, wenn du in Angstsituationen kommst. Sie helfen dir, dich nicht von der Angst regieren zu lassen, sondern von Jesus.

Christian

5 ECHT SCHÖN – UND KEIN FAKE!

Ich danke dir dafür, dass ich wunderbar gemacht bin; wunderbar sind deine Werke; das erkennt meine Seele.

Psalm 139,14

Es gibt so wunderschöne Menschen – Frauen und Männer, die aus den Augen strahlen. Die sich selbst schön finden, und vor allem denjenigen, der sie geschaffen hat. Menschen, die echt sind und die sich angenommen haben, so wie sie sind.

Hierbei spielt für mich erst mal gar keine Rolle, ob dieser wunderschöne Mensch die Idealmaße hat, die scheinbar gerade im Trend sind. Mal ist es total angesagt, als Frau eine große Oberweite und eine extrem schmale Taille zu haben, und mal ist es wieder voll im Trend, klein, schmal und zierlich zu sein. Aber im Ernst – wie soll sich ein Mensch diesem Ideal anpassen können? Ich kann doch nicht in einem Jahr die kleine zierliche Frau und dann paar Jahre später das kurvige „Model" sein? Daran wird deutlich, dass das „Idealbild" einer Frau völlig an den Haaren herbeigezogen ist. Übrigens sind auch immer mehr Männer unzufrieden mit ihrem Aussehen. Das Problem betrifft also keinesfalls nur das weibliche Geschlecht.

Ein gesellschaftlich propagiertes Schönheitsideal führt nun dazu, dass viele Menschen alles dafür tun, um diesem Bild zu entsprechen. Sie legen auf Social Media Filter drauf, um den angesagten Kussmund zu haben oder einige Kilo weniger oder glänzenderes Haar ... Es wird auch immer normaler, sich für die Schönheit unters Messer zu legen. Früher waren Schönheitsoperationen etwas, was sich vor allem Promis geleistet haben. Aber inzwischen gibt es immer mehr „normale" Leute, die sich die Brust vergrößern, die Lippen aufspritzen, die Falten wegspritzen lassen. Sie investieren Kraft, Geld und gesundheitliche Risiken, um so auszusehen, wie sie es sich tief im Herzen wünschen.

Aber ganz ehrlich: Ich glaube, dass „sich selbst schön finden" nicht davon abhängig ist, ob ich einen Kussmund habe oder einfach normal-schöne Lippen. Ob man sich selbst schön findet, ist vielmehr davon abhängig, aus welchem Blickwinkel ich mich selbst betrachte. Schaue ich mich mit den Augen der Instagram-Models und Influencerinnen an? Wenn ich mich einfach mal so – rein äußerlich – aus deren Perspektive bewerte, dann werde ich immer verlieren. Das Streben nach einem Schönheitsideal kostet sehr viel Kraft – und führt zu gar nichts, sondern ins Leere. Weil du versuchst, jemandem ähnlicher zu werden, und dabei vergisst, du selbst zu sein. So, wie du geschaffen bist.

Auf Insta und Co, und auch in der Werbung, siehst du so viel Unechtes, und das ändert ungewollt auch deinen Blick auf dich selbst. Du fängst an, dich mit gefilterten, schönheitsoperierten, gestylten, überreichen Menschen zu vergleichen, die dir einen Traum vom Leben präsentieren, den sie aber gar nicht selbst erleben. Sie brauchen vielmehr dein „Like", um sich selbst gut zu finden. Oft sind die Menschen, die so viel in sich und ihre Außenwirkung investieren, tief im Herzen einsam und wünschen sich nichts sehnlicher als Liebe. Genauso wie du.

Deshalb: Vergleiche dich nicht mit anderen, und versuche nicht, so zu werden, wie sie. Sondern werde du selbst. Ich selbst kenne es sehr gut – dieses Vergleichen mit anderen und diesen tiefen Wunsch im Herzen, irgendwie anders auszusehen. Ich musste echt einige Jahre dafür kämpfen, mich anzunehmen, wie ich bin. Nein, ich bin kein Model-Mädchen, wie Julia Engelmann so toll singt. Ich kenne die „Macken" meines Körpers sehr gut. Es gab da einige Stellen, die ich wirklich annehmen lernen musste. Aber weißt du was? Ich durfte es mit Gottes Hilfe lernen und auch schaffen, mich gerne im Spiegel anzuschauen – und mich wirklich schön zu finden! Jetzt erkenne ich, dass Gott mich tatsächlich wunderschön geschaffen hat, und darf begreifen, dass auch die in meinen Augen vielleicht „unschönen Stellen" daran nichts verändern können.

Schön sind die Menschen, die von innen heraus leuchten. Die wissen, dass sie von Gott wunderschön geschaffen sind. Die sich mit ihrer Geschichte versöhnt haben. Die befreit sind. Die ehrlich lachen können. Die die Schönheit des Lebens wahrnehmen und sich daran erfreuen können. Mein Mann sagt mir heute noch: „Als ich dich zum erstem Mal gesehen habe, da habe ich dich als so schöne Frau wahrgenommen. Auch äußerlich hast du mir sehr gut gefallen, aber vor allem sah ich deine Schönheit in deinen Augen – die mir dein Herz zeigte." Das fand ich so wertvoll. Echte Schönheit ist so viel mehr als große Muskeln und eine schlanke Taille. Echte Schönheit strahlt ein Mensch dann aus, wenn er Gott, seinen Schöpfer, für sich selbst von Herzen danken kann.

Diese echte Schönheit wünsche ich dir. Sei jemand, der nicht versucht, ein anderer Mensch zu werden. Sei so, wie

Gott dich geschaffen hat. Sei echt – kein Fake. Du bist wunderschön!

CHALLENGE

Schau dich mal mutig im Spiegel an, so, wie du bist. Was liebst du an deiner Persönlichkeit und auch an deinem Körper? Und was fällt dir eher schwer anzunehmen? Schreibe diese Punkte auf, und dann fang an, dich so, wie du bist, anzunehmen und dich mit dir selbst anzufreunden. Übe dich darin, Gott bewusst „Danke" für alles zu sagen. Bete laut den Psalm 139,13–18. Viel Segen für die Challenge!

Nelli

6 VOLL IM FLOW

*Und Gott sah an alles, was er gemacht hatte,
und siehe, es war sehr gut.*

1. Mose 1,31; LU

Kennst du das? Du machst etwas mit voller Hingabe und vergisst dabei die Zeit. Es macht dir voll Spaß, das zu tun, einfach, weil es cool ist. Solche Momente erlebe ich sehr oft, wenn ich schreibe. Ich liebe es, wenn ich in meinem „Kreativ-Tunnel" bin und einfach nur Worte aufs Papier bringen kann. Da ist so eine tiefe Freude in mir. Beim Schreiben fühle ich mich lebendig und richtig glücklich. Wenn ich dann nach Stunden den Punkt setze und meinen Laptop schließe, fühle ich mich fast schon berauscht und richtig zufrieden.

Klar – das sind ganz besondere, wertvolle Zeiten. Natürlich bin ich nicht bei jedem Text, den ich schreibe, voll im „Rausch". Manchmal hab ich Kreativ-Blockaden oder mein Kopf ist voll mit anderem Kram. Dann muss ich eine Pause machen, auch mal raus in die Natur gehen, mich neu auf Gott fokussieren. Es kommt auch vor, dass ich aufhören muss, um dann am nächsten Tag neu durchzustarten.

Als ich in Schweden war und dort auf einem Baumstamm sitzend geschrieben habe – während ich um mich herum Tiergeräusche hörte und den Himmel bestaunte –, wurde mir klar: Gott ist die Quelle aller Kreativität. Wie viele Tier- und Pflanzenarten er sich ausgedacht hat! Und wie lustig die teilweise aussehen! Dafür braucht es auf jeden Fall ordentlich Kreativität. Google mal nach „Spiegeleiqualle" oder „Affengesicht-Orchidee"! Oder schau dir Glühwürmchen an, die bei Dunkelheit leuchten... Wie kommt man bitteschön auf solche Ideen!?

Tatsächlich ist Gott zutiefst schöpferisch und kreativ. Und er hat nicht einfach nur Pflanzen, Landschaften, Tiere und Menschen erschaffen – nein, viel besser: Er erschuf auch die Kreativität in uns! Er hat sich offenbar überlegt, dass es doch sehr cool wäre, wenn wir alle auch kreativ wären und uns mit Freude und Lust Dinge ausdenken könnten... Gesagt – getan. Schau dich doch mal um. Das Haus, in dem du wohnst, dein Smartphone, die Pizza beim Italiener – all das haben Menschen sich ausgedacht.

Aber um kreativ zu sein, musst du nicht unbedingt Häuser entwerfen, technische Geräte entwickeln, Bücher oder Songs schreiben. Es gibt unendlich viele Möglichkeiten: Du kannst ein Event planen, die Licht-Technik in der Gemeinde machen, dein Zimmer umgestalten, deinen eigenen Look kreieren, mit Kindern spielen, backen und kochen, ein Bild malen, tanzen, eine Sportart ausleben, eine Andacht in der Jugend halten... Ja, vieles davon ist erst mal Handwerk, und das dürfen wir lernen und üben. Aber wenn dann die Freude dazu kommt und wir die Zeit darüber vergessen, dann wird es kreativ und schöpferisch!

Natürlich ist es genial, wenn man professionellen Tänzern zuschaut oder Sportlern bei den Olympischen Spielen. Aber es kommt überhaupt nicht darauf an, wie gut jemand etwas macht, ob er Profi ist oder nicht. Viel wichtiger ist es, dass jeder Mensch sich für die Kreativität, die in ihm liegt, öffnet – und dadurch lebendig wird.

In 1. Mose 1,31 (LU) steht: „Und Gott sah an alles, was er gemacht hatte, und siehe, es war sehr gut." Gott erschafft – damit auch uns Menschen – und schaut uns liebevoll an. Er sagt zu dir und zu mir: „Sehr gut!" Das finde ich so schön und das berührt mich.

Ich glaube, wir können an seiner Freude über das, was er kreiert hat, eine Menge lernen. Wie oft sind wir total selbstkritisch mit dem, was wir tun und ausprobieren. So viele Menschen trauen sich gar nicht, einfach mal was Neues auszuprobieren – aus Angst, einen Fehler zu machen oder zu versagen. Oder Kritik zu bekommen. Aber diese Angst blockiert uns und unsere Kreativität. Wie wäre es, wenn wir unseren kritischen Blick mal beiseiteschieben und einfach mal unserem Herzen folgen? Und am Ende liebevoll auf das schauen, was wir gemacht haben? Man muss nicht gleich perfekt sein, wenn man etwas anfängt oder ausprobiert. Wenn die Freude da ist, wächst das Können mit dem Tun – Schritt für Schritt. Also hab Mut – entdecke die Kreativität in dir!

CHALLENGE

Was wolltest du immer schon mal ausprobieren, aber hast dich bisher nicht getraut? Fasse Mut! Wenn du schon immer mal was schreiben wolltest, dann nimm dir ein Blatt Papier und fang einfach an. Denk nicht darüber nach, ob es gut ist oder nicht. Schreib einfach. Wenn du schon immer mal eine eigene Webseite kreieren wolltest, dann such dir im Internet das nötige Knowhow – und los. Es muss nicht perfekt und profimäßig werden – es darf einfach Freude machen. Erschaffe etwas – damit spiegelst du deinen kreativen Schöpfer wider!

Nelli

7 STEP BY STEP

Als er weiterging, sah er Levi, den Sohn des
Alphäus, am Zollhaus sitzen. „Komm, folge mir
nach", sagte Jesus zu ihm. Da stand Levi auf und
folgte ihm nach.

Markus 2,14

Wenn ich dich fragen würde, wie „Nachfolge" geht, was würdest du antworten? Gar nicht so einfach, oder? Ich glaube,
wenn man ein wenig nachdenkt, stellt man fest, dass Nachfolge sehr viel ist. Aber nicht eine „Sache", die man einmal
erledigt – und damit fertig, sondern vielmehr ein andauern-
der Prozess: Man geht einen Schritt, dann den nächsten und
dann noch einen Schritt ...

Wenn ich mir andere Christen anschaue – und ich nehme
mich da mit rein! –, habe ich manchmal das Gefühl, dass wir
da irgendetwas nicht richtig verstanden haben. Wir lüm-
meln herum, so nach dem Motto: Ach schön, Gott liebt
mich. Ach schön: Jesus ist für uns gestorben. Yippie – nice,
ich will ein Eis. Das Leben ist schön. Zurücklehnen, entspannen, chillen. Klar – ich gehe doch in den Gottesdienst,
und klar, ich achte darauf, dass ich in der Klassenarbeit

nicht abschreibe. Ich will ja schon ein guter Christ sein und Jesus nachfolgen.

Aber ganz im Ernst: Das ist keine Nachfolge! Da haben wir was gründlich missverstanden. Jesus ist vielleicht schon weitergelaufen und will, dass wir ihm nach-folgen. Aber wir haben es nicht gemerkt, weil wir uns im Grunde um uns selbst drehen und es uns lediglich um ein paar To-do's (Gottesdienst) und Don'ts (nicht spicken) geht. Aber eigentlich bleiben wir in Sachen „Nachfolge" stecken.

In Hebräer 5,12 steht etwas, das ich ziemlich herausfordernd finde: „Ihr seid nun schon so lange Christen und solltet eigentlich andere lehren. Stattdessen braucht ihr jemanden, der euch noch einmal die Grundlagen von Gottes Wort beibringt. Ihr seid wie Säuglinge, die nur Milch trinken, aber keine feste Nahrung essen können."

Wow, das nenn ich mal Klartext. Der Autor des Hebräerbriefs spricht klare Worte. Kinder trinken Milch. Aber stell dir mal vor, du müsstest immer noch Milch von deiner Mama bekommen ... Du gehst nach der Schule heim und wartest dann darauf, bis deine Mutter dir das Fläschchen hinhält. Ein extrem schräges Bild, oder?

Aber nicht anders ist es mit uns Christen, wenn wir nicht im Glauben wachsen. Wir gehen seit Jahren in die Kirche. Wir hören seit Jahren Worte aus der Bibel. Wir fühlen uns seit Jahren Gott zugehörig. Aber all das verändert uns kein bisschen. Alles bleibt beim Alten. Das Wort von Gott prallt an unseren Herzen ab und berührt uns nicht. Wir gehen zwar in die Kirche und wirken so, als wären wir Nachfolger. Dabei bleiben wir Kleinkinder im Glauben.

Nachfolgen heißt: die Botschaft, die wir hören, ernst nehmen. Jesus ernst nehmen und ihm nachfolgen, Schritt für Schritt. Dabei erleben wir, wie er unser Leben Stück für Stück verändert. Wir üben uns darin, ihm mehr zuzutrauen und ihm immer mehr zu vertrauen. Wir hören auf, über Leute aus der Klasse zu lästern. Wir begreifen, dass Geld wichtig ist, aber nicht unser Herz besitzen sollte. Wir beginnen zu verstehen, dass unser Selbstwert nicht von anderen Menschen, sondern allein von Gott abhängt.

Nachfolge muss man tatsächlich richtig einüben, und das ist gar nicht so einfach. Es kostet Kraft und Schweiß und manchmal tut es auch weh. Es ist nicht leicht für uns, Jesus nachzufolgen, weil er uns manchmal an Stellen verändern will, die wir gar nicht verändern lassen wollen. Aber wenn wir es zulassen, werden wir feststellen, dass wir immer mehr von ihm verändert werden. Nicht von heute auf morgen – aber in vielen kleinen Schritten.

Als ich vor einiger Zeit mal wieder etwas sportlicher werden wollte, fing ich an, regelmäßig joggen zu gehen. Immer dieselbe Strecke, immer bis zum selben Punkt. Wenn ich dort angekommen war, dann hatte ich das Gefühl: weiterjoggen geht auf gar keinen Fall. Aber Christian hat mich dann ermutigt, Grenzen zu überwinden und noch ein Stück weiterzulaufen. Christian war ein Super-Coach für mich, der mich total unterstützt hat. Ich konnte mit seiner Hilfe Grenzen überwinden und Veränderung erleben.

Mit Jesus und in der Nachfolge ist es genauso: Alleine werden wir immer wieder lediglich bis zu einem bestimmten Punkt laufen, und dann denken, dass wir „genug verändert" sind oder ihm „weit genug gefolgt" sind. Wir bleiben dann stehen – und kommen nicht weiter. Aber wenn wir Jesus als Coach annehmen und ihn bitten, dass er uns ermutigt, dann kommen wir viel weiter. Er verändert uns, wenn wir ihn an uns ranlassen, und auch seine Tipps befolgen, die er uns in der Bibel schenkt. Ich habe gemerkt: Ihm nachfolgen macht richtig Spaß, weil Jesus mich herausfordert und ich so über mich selbst hinauswachse. Kommst du mit?

CHALLENGE

Heute darfst du üben, die Bibel beim Wort nehmen. 😊 Lies doch mal Philipper 3 durch und schau, welche Tipps dort für deine Nachfolge drinstehen. Markiere sie dir mit einem Marker. Schreibe dir dann die Tipps ab und merke sie dir. Bete, dass Gott sie dir ins Herz schreibt und du sie nicht so schnell vergisst. Und dann: Folge Jesus nach. Übe dich darin, diese Dinge konkret umzusetzen. Was erlebst du dabei und wie verändert das dein Leben?

PS: Diese Challenge kannst du auch mit jedem anderen Bibeltext machen. Lass Veränderung zu! Öffne dich für die Jesus-Nachfolge. Du musst keine Riesenschritte machen – aber geh einen Schritt nach dem andern.

Nelli

8 DU SCHAFFST DAS – MIT ANDEREN

> *Helft euch gegenseitig bei euren Schwierigkeiten und Problemen, so erfüllt ihr das Gesetz, das wir von Christus haben.*
>
> Galater 6,2

Jetzt mal ganz ehrlich: Wie geht es dir gerade? Bist du okay? Wenn du nicht okay bist, ist es voll okay. Du darfst „nicht okay" sein. Du musst nicht so tun, als wäre alles top, wenn es einfach nicht deiner Realität entspricht. Vielleicht nervt dich die nächste Klassenarbeit, für die du noch kaum etwas gelernt hast. Vielleicht bist du gerade mega-gestresst, weil deine Eltern immer häufiger streiten und schon lange kein „chilliges Familienleben" möglich ist. Vielleicht hast du gerade eine Abfuhr bekommen, obwohl du dir so sicher warst, dass es was wird aus euch beiden. Vielleicht fühlst du dich echt einsam und dir fällt es extrem schwer, Freundschaften zu schließen. Vielleicht wirst du sogar gemobbt und du hoffst jeden Morgen, dass du krank wirst und zu Hause bleiben kannst...

So vieles im Leben kann dazu führen, dass wir uns „nicht okay" fühlen. Das ist nicht „schlimm" oder „peinlich". Überhaupt nicht. Es ist voll okay, wenn wir mal nicht okay sind. Solche Zeiten gehören zum Leben dazu. Zu deinem Leben und auch zu meinem Leben. Zum Leben deiner Oma und auch zum Leben deiner Lehrerin.

Hiob – wir stehen zusammen!

Auch Hiob aus der Bibel ging es so, dass er alles andere als „okay" war. Er hatte innerhalb ganz kurzer Zeit seine Kinder verloren, all seinen Besitz und dann auch noch seine Gesundheit. Ihm ging es alles andere als gut – überall hatte er Schmerzen: körperlich und auch seelisch. Ich meine, stell dir mal vor: Von heute auf morgen sind seine Kinder gestorben. Ich weiß nicht, ob du schon mal erlebt hast, dass ein ganz lieber Mensch gestorben ist. Aber wenn ja – dann weißt du, wie schmerzhaft das ist. Hiob trauerte gleichzeitig um alle seine Kinder. Außerdem litt er an ganz ekligen Geschwüren. Es muss ganz übel gejuckt haben, denn in dieser schlimmen Situation nahm er eine Tonscherbe, um sich zu kratzen (vgl. Hiob 2). Diese Zeit muss für ihn richtig schrecklich gewesen sein. Eine echt hoffnungslose Situation – so scheint es erst einmal!

Aber dann passiert etwas Gutes. Nein, es geht ihm nicht plötzlich wieder gut und alles ist in Ordnung. Er steckt immer noch mitten in seinem Leid. Aber: Er bekommt Besuch von seinen Freunden. Er bleibt mit seinem Leid nicht allein – sondern teilt es mit seinen Freunden. Er versteckt sich nicht und schickt sie auch nicht weg. Sondern er lässt es zu, dass sie ihm in seiner schlimmen Lage besuchen. Sie sitzen bei ihm, sie weinen mit ihm – und das alles für sieben Tage und Nächte. Wow – solche Freunde muss man erst einmal haben! Hinterher reden sie sehr viel – und nicht unbedingt nur hilfreiche Dinge. Aber das, was Hiob sicher sehr gutgetan hat, war ihre Gegenwart und dass sie seine Situation mitgetragen haben. Seine Freunde konnten ihm das Leid nicht abnehmen, aber sie trugen es mit ihm zusammen.

***

In Galater 6,2 (NL) steht: „Helft euch gegenseitig bei euren Schwierigkeiten und Problemen, so erfüllt ihr das Gesetz, das wir von Christus haben." Gott wusste schon, dass wir immer wieder schwierige Challenges im Leben haben werden. Aber – damit müssen wir nicht allein bleiben. Wir sollen auch überhaupt nicht allein bleiben, ganz im Gegenteil: Gerade dann, wenn wir nicht okay sind, dürfen wir darüber sprechen und anderen davon erzählen. Wenn wir mit unserem Schmerz allein bleiben, dann tut es so viel mehr weh und es wird viel schlimmer.

Das kann ich aus meinem Leben auf jeden Fall so sagen. Wenn ich so richtig in einer Krise steckte und damit alleine blieb, dann ging es mir immer schlechter. Aber wenn ich mein Herz geöffnet hab und eine WhatsApp oder eine Voicemail an eine Freundin geschickt oder mich mit ihr verabredet habe, und dann all den Kram von der Seele geredet hab, dann konnte ich hinterher sogar wieder lachen und fühlte mich befreit. Auch wenn die Probleme vielleicht immer noch da waren. Ich durfte erleben, dass jemand in diesem Moment mein Leid anhörte und mit mir meine Last trug. Und das ist eine unglaublich schöne Erfahrung!

CHALLENGE

Hast du aktuell ein Problem, das dich mega herausfordert? Dann bleib damit nicht allein. Rede mit Gott. Und frag ihn auch mal, wem du davon erzählen könntest. Vielleicht einem Freund bzw. deiner Freundin? Vielleicht deinen Eltern? Oder deinem Jugendkreisleiter? Trau dich, öffne dein Herz! Und denk hinterher noch mal drüber nach, wie dieser Schritt für dich war.

☐ Das Problem war hinterher nicht mehr da.

☐ Ich konnte einen Schritt zur Problemlösung machen.

☐ Es tat einfach gut, mit jemand darüber zu reden.

☐ Es hat mir gar nicht geholfen.

Nelli

9 HANDGEPÄCK

*Dann sandte er sie mit dem Auftrag aus, allen
Menschen vom Kommen des Reiches Gottes zu
erzählen und die Kranken gesund zu machen.
„Nehmt für unterwegs nichts mit", wies er sie
an, „keinen Wanderstab, kein Gepäck, keine
Verpflegung und kein Geld, kein zweites Hemd.
Wenn ihr in eine Ortschaft kommt, seid nur in
einem einzigen Haus zu Gast."*

Lukas 9,2–4

Ich habe mit einem sehr guten Freund vor einigen Jahren
eine Flugreise um die Welt gemacht. Unsere Zwischen-
stopps waren Tokio, Maui und der Flughafen von New York.
Es war eine tolle Zeit. So fühlt sich Freiheit an! Es gab da
allerdings ein kleines Problem. Auf diesen zigtausenden
Kilometern begleitete mich ein schwerer Koffer. Die ganze
Zeit musste ich meine Sachen durch die Gegend schleppen.
Irgendwann wurde das echt lästig.

Ich weiß nicht, ob du das auch kennst. Reisen wäre doch
echt noch mal viel freier ohne diesen Ballast.

Jesus ließ seine Jünger damals ganz ohne Gepäck losziehen. Er trug ihnen sogar auf, überhaupt nichts mitzunehmen. Zuvor hatte er sie allerdings ziemlich krass ausgestattet – mit nichtmateriellen Sachen: Er hatte ihnen die Macht gegeben, Dämonen auszutreiben und Menschen zu heilen. Trotzdem brauchte es sicher echt Mut und Vertrauen, so ganz ohne (menschliche) Sicherheiten in die Welt hinauszugehen. Die Jünger nahmen diese Challenge an – und erlebten in der Folge unglaubliche Dinge…

Wenn ich mir mein Leben so anschaue, dann gibt es da viel „Gepäck". Wir haben ein Haus, zwei Autos und anderen weltlichen Besitz. Wir haben Freundschaften, Familie, Arbeit und andere Verpflichtungen. All das ist nicht schlecht – im Gegenteil –, doch hat es das Potenzial, uns von den wirklich wichtigen Dingen im Leben abzulenken. Gott sandte damals seine Follower aus, das Reich Gottes zu verkündigen und Kranke zu heilen. Dieser Auftrag gilt auch heute noch für uns. Manchmal kollidieren allerdings Auftrag und Lebensgepäck miteinander. Ich will dir das mal an einem Beispiel aus meinem Leben deutlich machen:

Als ich ungefähr 9 Jahre alt war, begann ich Bariton und später Posaune in einem Musikverein zu spielen. Ich tat das über viele Jahre und war zeitweise sogar im Vorstand des Vereins. Wir probten jeden Freitag und hatten 20 bis 30 Auftritte pro Jahr. Es war ein recht zeitintensives Hobby. Ich liebte die Musik aber total, und hatte hier auch mein soziales Netzwerk aufgebaut. Nach meiner Ausbildung entschied ich mich, berufsbegleitend zu studieren. Das bedeutete 8 Stunden Uni am Donnerstag und 8 Stunden Uni am Samstag. Ich war damals 22 Jahre alt und wir hatten in der Gemeinde einen Kreis für junge Erwachsene gegründet. Dieser fand immer freitagabends statt. Ich musste also eine schwere Entscheidung treffen: Entweder ich gab die Musik auf oder zog mich aus meiner Gemeinde zurück. Ich entschied mich damals dafür, die Musik abzugeben. Das tat echt weh. Heute weiß ich, dass das die richtige Entscheidung war.

Es gibt immer wieder Dinge in unserem Leben, die für eine Zeit lang gut sind. Gott gönnt uns Hobbys und Freizeitaktivitäten. Es ist allerdings wichtig, dass wir an allererster Stelle offen für ihn bleiben. Denn wir haben ja einen Auftrag von ihm bekommen. Manchmal ist es Zeit, Dinge loszulassen und zu beenden. Das gilt für Hobbys genauso wie für Freundschaften.

Ich entschied mich damals für die Gemeinde, denn mir war klar, dass Leben mit Gott am besten in Gemeinschaft funktioniert.

Ich brauche eine intensive Beziehung zu Gott, um auf dem richtigen Weg zu bleiben. Aus diesem Grund lege ich meinen Fokus auf ihn, wenn meine Zeit knapper wird.

Ich denke, du kennst solche Situationen auch aus deinem Leben. Ich will dich von Herzen ermutigen, eine klare Priorität auf Gott zu setzen. Natürlich ist es schön, in einem Verein zu sein und Hobbys zu pflegen. Gott stellt uns manchmal da hin, um ein „Außenposten" für ihn zu sein oder uns in einer bestimmten Fähigkeit wachsen zu lassen. Ich glaube aber auch, dass wir uns im Zweifelsfall für die Gemeinschaft mit anderen Christen entscheiden sollten. Je enger wir mit Jesus unterwegs sind, desto besser können wir hören, was er uns sagen will. Er möchte nur das Beste für dich und mich. Ich weiß, dass Gott mich damals auf keinen Fall ärgern und mir etwas wegnehmen wollte. Er hat mir dadurch nur liebevoll gezeigt, dass es Zeit war, etwas Geliebtes loszulassen – und weiterzugehen.

Auf Gott ist Verlass. Lass dich mutig von ihm führen und gib dein Gepäck ab. Er will, dass du leicht durchs Leben gehst!

CHALLENGE

Wirf mal einen Blick in deinen Terminkalender. Gibt es Termine, die mit deiner Jugendstunde kollidieren? Gehst du sonntags eher auf den Fußballplatz als in den Gottesdienst? Ich will dich ermutigen, hier eine klare Priorität auf die Gemeinschaft mit Gott und anderen Christen zu setzen. Vielleicht ist es für dich dran, die eine oder andere Sache abzugeben. Hab Mut. Gott meint es absolut gut mit dir!

Christian

10 ZWISCHENSTOPP

*Sechs Tage sollst du arbeiten und deinen Pflichten
nachkommen, der siebte Tag aber ist ein Ruhetag
für Gott. An diesem Tag darf keiner irgendeine
Arbeit erledigen. (...) Denn in sechs Tagen hat Gott
den Himmel und die Erde erschaffen; aber am
siebten Tag hat er geruht. Deshalb hat Gott den
Sabbat gesegnet und für heilig erklärt.*

2. Mose 20,8–11

Mit dem Sabbat hat der Mensch offenbar schon immer ein
Problem gehabt. Ich folgere das aus der ausführlichen Beschreibung im 20. Kapitel von 2. Mose. Wenn eine Sache klar
ist, muss man ja nicht viele Worte machen, oder?

Ich muss zugeben, dass es mir schwerfällt, den Ruhetag wirklich einzuhalten. Hast du auch schon am Sonntag
Hausaufgaben gemacht oder gelernt? Ich habe das zumindest bis zur zehnten Klasse immer wieder getan. Aber Gott
sagt im vierten Gebot, dass das Sünde ist. Autsch! Ja, das
tut weh, aber wir müssen hier ehrlich sein. Gott will, dass
wir uns am siebten Tag ausruhen. Aber er gibt uns keine Gebote, um uns zu ärgern. Ich meine, wer sagt mir schon, dass

ich mich ausruhen darf? Das klingt doch eher wie ein liebevoller Rat. Gott möchte nicht, dass ich mich kaputtmache. Er möchte, dass es mir gutgeht und ich einen Ausgleich zu dem ganzen Stress in der Woche bekomme.

Schauen wir uns das Gebot mal aus diesem Blickwinkel an:

Zunächst: Der Schöpfungsbericht lässt mich immer wieder staunen. Gott ist pausenlos kreativ. Er erschafft sogar am siebten Tag noch etwas Neues: die Ruhe. Vorher war er ja nur in Aktion. Jetzt, wo alles getan ist, macht er ausgiebig Pause. Ich glaube, dass er seitdem immer wieder ruht. Nicht, dass Gott schläft. Ruhe hat nicht unbedingt immer etwas mit Nichtstun oder Schlafen zu tun. Ich glaube eher, dass Gott in sich und in seiner Schöpfung ruht. Er rennt nicht wie ein aufgescheuchtes Huhn hin und her, weil wir es nicht gebacken bekommen. Vielmehr bin ich überzeugt davon, dass Gott souverän auf seinem Thron ruht und dabei alles unter Kontrolle hat.

Wie kann nun diese Ruhe, dieser Ruhetag, für uns ganz konkret aussehen? Ich denke, Gott meint hier eher eine aktive Ruhe und weniger den komatösen Erholungsschlaf auf der Couch ... Das sind meine beiden Tipps:

☐ *Den Alltag unterbrechen:* Ich höre auf zu arbeiten und zu lernen. Ich richte mich bewusst auf Gott aus, gehe in den Gottesdienst.

☐ *Zeit für Beziehungen:* Ich hab eine entspannte Zeit mit Familie und Freunden. Ich genieße Gottes Schöpfung – habe Gemeinschaft mit ihm.

Gottes Motivation ist immer reine Liebe. Er weiß, was gut für uns ist. Da wir das aber meist nicht von allein erkennen und umsetzen, gibt er uns sein gutes Gebot.

Am Sonntag den Stift beiseitezulegen ist ein Vertrauensschritt. Er fordert dich auf, ihn an diesem Tag besonders zu ehren sowie Freunde und Familie in den Mittelpunkt zu stellen. Lass dich darauf ein. Ich habe das ab der 11. Klasse konsequent getan. Ich hatte damals jedoch noch nicht den Blick für Gottes Liebe. Ich wollte nur sein Gesetz halten, um es „richtig" zu machen. Der Sabbat ist erst seit Kurzem ein richtiges Geschenk für mich geworden, das ich mit Gott feiere und genieße. Ich würde mich freuen, wenn du dieses Geschenk früher auspackst als ich. Ich bin mir sicher: Daraus entsteht viel Segen für dich!

CHALLENGE

Pack es an. Gott hilft dir dabei, den Ruhetag einzuhalten – und zu feiern. Übrigens wirst du so auch ein echtes Zeugnis für deine Mitschüler. Wenn sie das nächste Mal davon erzählen, dass sie dieses oder jenes noch am Sonntag gelernt haben, hast du die Möglichkeit, mal von *deinem* Sonntag zu erzählen ... Wahrscheinlich erntest du dafür keinen Beifall. Aber sei mutig und überlass die Resultate Gott.

Christian

11 POWERSCHOKI FÜR DIE SEELE

Sorgen drücken einen Menschen nieder;
ein gutes Wort aber muntert einen Menschen auf.

Sprüche 12,25

Als ich vor einiger Zeit am Corona-Virus erkrankt war, erlebte ich etwas Wunderschönes. Nein – nicht die Krankheit war toll und die Quarantäne schon gar nicht, wo ich doch so gern unter Menschen bin. Auf diese beiden Sachen hätte ich echt gerne verzichtet. Aber es war total schön, dass ich in dieser Zeit von vielen Menschen mega ermutigt wurde. Mal schrieben Freunde von mir, dass ich aus dem Fenster schauen sollte ... und tatsächlich – da standen sie und trällerten fröhlich „Don't worry, be happy"! Mir kamen vor Rührung echt die Tränen. Ein andermal standen Geschenktüten vor meiner Tür mit lieben Karten, Smoothies, Schokolade und einem Rätselheft. Am Tag darauf stellte mir meine Nachbarin Kuchen vor die Tür. Eine andere Freundin brachte ein „Drei-Gänge-Menü" vorbei ... Mein Mann dekorierte meinen Teller fürs Frühstück oder Mittagessen immer sehr liebevoll und legte oft noch ein Kärtchen dazu. Und on top: Ich bekam so viele ermutigende WhatsApps und Anrufe –

und sogar große Pakete per Post von lieben Freunden. Also –
ich war wirklich überwältigt von sooo viel Nächstenliebe!
So etwas hatte ich in dieser Fülle noch nie erlebt.

Die Liebe von so vielen Menschen kam bei mir an und ich
fühlte mich gesehen und geliebt – auch ohne Umarmungen
und ohne dass mein Gegenüber direkt mit mir im Raum
war. Ich erlebte in diesem Moment, dass solche Ermutigungen „mittendrin im Alltag" keine „kleinen Sachen" sind, die
man mal machen kann, wenn man sonst nichts zu tun hat.
Nein, diese Ermutigungen bewirken im Leben anderer so
viel Kraft und Freude und Zuversicht und neues Vertrauen!
Da, wo ich vorher noch traurig und bedrückt war, kam plötzlich eine neue Brise der Hoffnung hereingeweht. Das macht
einen so unglaublich großen Unterschied!

Hoffnung ist in harten Zeiten überlebenswichtig. Das
Beste ist, dass es für Ermutigung keine Ausbildung braucht,
kein Seminar, keinen Lehrgang. Es braucht einfach nur
Menschen wie du und ich, die sich nicht nur um den eigenen
Kram kümmern, sondern auch die Menschen um sich herum
sehen. Menschen, die hinschauen, wo andere sich gerade
Sorgen machen und den Kopf hängen lassen. Und dann einfach ein Blümchen vor die Tür stellen, die Lieblingsschoko-
lade mitbringen, eine Karte schreiben oder ein Eis vom Mc's
schenken.

Nachdem ich von so vielen Menschen so sehr ermutigt
worden bin, bin ich jetzt richtig motiviert, noch mehr als zuvor andere Menschen zu ermutigen. Gestern beispielsweise
hab ich mir Zeit genommen, ein kleines Ermutigungs-Päck-
chen für eine Freundin zu packen. Ermutigung geht so einfach – man muss es nur tun!

In Sprüche 12,25 steht: „Sorgen drücken einen Menschen
nieder; ein gutes Wort aber muntert einen Menschen auf."
Wenn man krank ist, sich viele Sorgen macht und alles

irgendwie nicht so rund läuft, ist man ganz schön down. Aber wenn dann ein lieber Gruß oder ein ermutigender Song ankommt oder eine nette Karte im Postkasten liegt und man spürt: *Da denkt jemand an mich!*, baut das mega auf. Und das ist doch genial, oder? 😊

CHALLENGE

Wer braucht heute ein wenig Aufmunterung? Such dir eine Person aus und überleg dir, wie du ihr ein Lächeln ins Gesicht zaubern könntest. Was mag die Person so richtig gern? Worüber freut sie sich? Was könnte ihr guttun? Ermutigung passiert nicht „einfach so". Es braucht Zeit, um die Schokolade zu kaufen, die Karte zu schreiben, vorbeizulaufen. Aber nimm dir heute ganz bewusst diese Zeit dafür. Du wirst merken – der Segen kommt zurück. Die Person wird sich total freuen, und auch du wirst glücklich sein, weil du etwas Gutes getan hast. Ermutigung ist keine kleine Sache. Im Gegenteil: Es verändert in diesem Moment das Leben eines Menschen. Gott segne dich dabei!

Nelli

12 RUF AN, WENN DU GELANDET BIST!

Ehre deinen Vater und deine Mutter.
Dann wirst du lange in dem Land leben,
das der Herr, dein Gott, dir geben wird.

2. Mose 20,12

Ruf an, wenn du da bist! Diesen Satz kennst du sicher, wenn du schon mal ohne deine Eltern verreist bist. Oder du hast den Spruch vor einer Klassenfahrt gehört, vielleicht noch im Beisein deiner Mitschüler – dann war das sicher der peinliche Moment des Tages gewesen ...

Ich kann mir gut vorstellen, dass du vielleicht mit einer Portion Misstrauen diese Andacht liest. Ich weiß nicht, wie dein Verhältnis zu deinen Eltern gerade ist. Vielleicht fällt es dir leicht, schwer oder du hast gar keine Lust, dich an dieses Gebot „Ehre deine Eltern" zu halten.

Der Schlüssel zum Verständnis dieses Gebots – und der Beziehung zu deinen Eltern ist Vertrauen. Aber bevor wir uns anschauen, was „Vater und Mutter ehren" konkret bedeutet, nehm ich dich mal zurück an den Anfang. Für den Fall, dass du vielleicht nicht bei deinen leiblichen Eltern aufwächst, kannst du das genauso für deine Pflege, Adoptiv- oder Stiefeltern machen.

Ich lade dich zu einer Übung ein, die mir geholfen hat, das Vertrauen in die krasse Liebe meiner Eltern zu stärken. Dafür reisen wir zurück in die Vergangenheit. Wie war das eigentlich, als du ein Baby warst? Daran kann ich mich genauso wenig erinnern wie du. Allerdings gibt es bestimmt einen Fotobeweis. Wahrscheinlich haben deine Eltern ein Familien-Fotoalbum. Möglicherweise sind die Erinnerungen auch irgendwo auf der Festplatte eures PCs gespeichert. Deine erste Aufgabe ist, diese Bilder in eurem Haus zu finden. Frag mal deine Mutter oder deinen Vater danach.

Ich habe gerade zwei Bilder in meinem Kopf. Auf dem einen hält mein Papa mich im Arm und auf dem anderen Bild meine Mutter. Was beide Bilder gemeinsam haben, ist, dass mich meine Eltern liebevoll ansehen.

Ich erlebe momentan bei den Kindern meines Bruders, wie süß Babys sein können. Sie lernen ständig was Neues, lachen und machen witzige Dinge. Ich bin mir sicher, du warst da ganz ähnlich. Allerdings warst du als Baby nicht nur „süß", sondern zu keinem Zeitpunkt nerviger und abhängiger als in deinen ersten Wochen und Monaten. Ich meine, wer lässt sich schon gerne um 2:43 Uhr vom Geschrei seines Kindes wecken, wird beim Windelwechseln angepieselt oder putzt fröhlich den Brei weg, mit dem innerhalb von Sekunden die gesamte Küche dekoriert wurde? Glaub mir, der liebevolle Blick auf den Bildern meiner und deiner Eltern muss echt gewesen sein. Nur Liebe hält nämlich auf Dauer diese Anstrengungen und Strapazen aus.

Damit steht für mich eines felsenfest: Wenn meine Eltern mich als kleinen Windel-Christian geliebt haben, dann tun sie das heute mindestens genauso.

Und mit der Liebe ganz eng verbunden ist das *Vertrauen*.

Vertrauen wiederum ist wichtig, um deine Eltern „ehren" zu können. Ich verstehe darunter zum einen, *sich unterzuordnen*. Wenn deine Eltern dich erziehen, loben und zurechtweisen, dann ist das Grundmotiv dahinter Liebe. Ich weiß, dass fühlt sich nicht immer so an. Trotzdem darfst du ihnen vertrauen, auch wenn du nicht immer alles verstehst. Im Gegensatz zu Gott können sie natürlich Fehler machen. Falls du dich ungerecht behandelt fühlst, dann sag das ruhig auch. Seine Eltern zu ehren bedeutet nicht, alle Dinge wie ein Roboter auszuführen. Je älter du wirst, desto wichtiger wird es auch sein, Anweisungen zu hinterfragen und klar zu sagen, was du denkst. Die Eltern zu ehren bedeutet auch nicht, dass man ihre Meinung immer teilen muss. Du darfst die Dinge anders sehen – und sicher streckenweise auch anders tun als deine Eltern. Wenn du mit ihnen sprichst, dann lass aber Liebe deine Motivation sein. Damit wirst du mehr und mehr vom Kind zum „Gegenüber auf gleicher Augenhöhe" wachsen.

Zuletzt bedeutet Vater und Mutter ehren für mich, sie in die eigenen Entscheidungsprozesse mit einzubeziehen. Wenn es zum Beispiel darum geht, welche Schule du besuchen oder Ausbildung du machen möchtest, dann können sie gute Berater sein. Sie beobachten und kennen dich ja schon seit vielen Jahren. Daher kann ihr Rat sehr wertvoll und richtungsweisend für dich sein.

Zuletzt: Wenn du schon zu Hause ausgezogen bist, dann melde dich immer mal wieder. Deine Eltern lieben dich ein Leben lang. Sie freuen sich, von dir zu hören, nicht nur, wenn du irgendwo sicher gelandet bist.

CHALLENGE

Vielleicht hilft es dir, dich immer mal wieder daran zu erinnern, wie sehr dich deine Eltern lieben. Du könntest dir deshalb das Babybild ausdrucken und gut sichtbar bei dir hinstellen oder in deinem Geldbeutel aufbewahren. Challenge Nr. 2: Überleg mal, wo du deine Eltern aktuell nicht ehrst. Gibt es Situationen, in denen du unverhältnismäßig reagierst und dir aus Trotz nichts sagen lassen willst? Sprich mit deinen Eltern darüber und entschuldige dich für die Dinge, die gerade schlecht laufen. Das kann echt was bewegen! Hab Mut und lass dich drauf ein.

Christian

13 REAL TALK MIT GOTT

Sogleich schrie der Vater des Kindes:
Ich glaube; hilf meinem Unglauben!

Markus 9,24; LU

„Gott, meinst du es wirklich gut mit mir?" Diese Frage stellte ich Gott erst kürzlich wieder. Manchmal bete ich und bete – und habe trotzdem den Eindruck, dass meine Worte noch nicht mal bis zur Zimmerdecke gelangen. Dann kommen Zweifel in mir auf und auch Fragen wie: „Warum um alles in der Welt bete ich eigentlich, was soll das bringen?"

Solche Zeiten sind alles andere als leicht. Dann kommt zu dem Problem, das man mit sich herumträgt, auch noch das Gefühl, dass noch nicht einmal auf Gott Verlass ist. Echt herausfordernd!

Ganz ehrlich – viele Christen denken, dass Zweifel nicht erlaubt sind. Weil: Als guter Christ musst du doch vertrauen und daran festhalten, dass Gott immer treu ist.

Ja – aber wenn es gerade nicht geht, was dann?

Was mir in solchen Situationen schon oft geholfen hat, ist die Erkenntnis, dass die Bibel selbst so viele Geschichten von Menschen erzählt, die gezweifelt haben! Es ist nicht so, dass Mose, David, Sara, Abraham und all die anderen „Glaubenshelden" Gott immer vertraut haben und immer fröhlich und sorglos waren. Abraham zum Beispiel fing an zu lachen, als Gott zu ihm sagte, dass er mit seinen stolzen hundert Jahren noch ein Kind bekommen würde (vgl. 1. Mose 17,17). Stell dir vor, Gott würde zu dir persönlich sprechen und du könntest seine Worte sogar akustisch hören. Ich meine, wäre es da nicht eine passendere Reaktion, Gott einfach nur um den Hals zu fallen und ihm zu danken? Wenn doch Gott persönlich spricht, dann wird es doch auch stimmen, oder? Aber was tat Abraham? Er lachte. Und was machte seine Frau Sara? Sie lachte auch.

Krass, oder? Sie glaubten Gottes Worten nicht und zweifelten daran, dass Gott es wirklich ernst meinte. Im Grunde lachten sie Gott aus. Ganz schön heftig, finde ich. Trotzdem erlebten sie, dass Gott sein Wort hielt: Sara bekam ein Jahr später einen Sohn, den sie Isaak nannte.

Dies ist nur eine von vielen Geschichten in der Bibel, wo Menschen in einer schwierigen oder verzweifelten Situation steckten und dringend eine Antwort, eine Lösung brauchten. Und gleichzeitig das Gefühl hatten, Gott sei ihnen fern.

Genau das habe ich auch schon so oft erlebt. Obwohl ich in meinem Leben schon so unglaublich viel mit Gott erleben durfte, hatte ich in diesem Moment, den ich eingangs beschrieben habe, das Gefühl: *Gott gibt es nicht. Er ist nicht gut.*

Puh – ehrlich gesagt tat das ganz schön weh. Ich hätte heulen können, weil ich mich ziemlich verlassen gefühlt hab. Aber dann habe ich mich daran erinnert, dass ich Gott alles sagen darf. *Alles* – auch meine Zweifel. Und so stellte ich ihm dann meine ganzen Fragen. Ich schaute ihm im Grunde „ins Gesicht" und wollte von ihm wissen: *Wo bist du denn gerade, Gott? Gibt es dich wirklich? Bist du gut?*

Ich will ehrlich sein: In diesem Moment änderte sich nicht mein ganzes Leben. Die Herausforderungen waren immer noch dieselben. Doch meinem Herzen ging es plötzlich sehr viel besser. Es wurde leichter, und ich spürte plötzlich so eine Wärme im Herzen. Ich erinnerte mich daran, dass Gott ganz nah ist.

Gott hört mich – gerade dann, wenn ich zweifle. Er ist bei mir, wenn ich nicht weiterweiß. Aber es ist wichtig, dass ich ehrlich werde vor ihm und nicht so tue, als würde ich immer noch vertrauen. Gott kann ich nichts vortäuschen. Und wenn ich ehrlich zu ihm komme, dann begegnet er mir – mitten in meinem Zweifel. Ein Beispiel dafür?

Hilf mir in meinem Unglauben!

Ein Mann aus der Bibel hatte einen besessenen Sohn. In voller Sorge um ihn rennt er zu Jesus und klagt ihm sein Leid. Jesus fragt ihn daraufhin: „Glaubst du denn daran, dass ich deinen Sohn heilen kann?" Und dann kommt diese superehrliche Antwort. Der Mann sagt nicht einfach: „Ja klar, ich glaube." Nein, er sagt: „Ich möchte das gern glauben; hilf mir in meinem Unglauben, in meinen Zweifeln!" Anstatt Jesus etwas vorzutäuschen, aus Angst, dass Jesus sonst seinen Sohn nicht heilen würde, sagt er ganz ehrlich, wie es ist. Und Jesus heilt seinen Sohn.

Krasse Story, oder? Jesus ist nicht davon abhängig, dass wir ihm immer schön brav vertrauen und nie Zweifel fühlen. Nein – wir dürfen ihm genauso, wie wir sind, begegnen. Und darauf bauen, dass er für uns ist, dass er uns helfen wird. In den Zeiten, in denen wir nicht mehr vertrauen können, wird er *für uns* vertrauen. In den Zeiten, in denen wir nicht mehr glauben können, will er *für uns* glauben. Meine Beziehung zu Gott hängt nicht von mir ab – sondern allein von Gott. Das finde ich richtig genial!

CHALLENGE

Ehrlich vor Gott werden – gar nicht so einfach! Aber das kann man üben. Nimm dir heute mal zwanzig Minuten Zeit und schreib Gott einen Brief. Schreib ihm ehrlich, wie es dir *wirklich* geht. Falls du Inspiration für deinen Brief brauchst, beantworte in deinem Brief folgende Fragen:

☐ Welche Fragen und Sorgen trägst du gerade mit dir herum?

☐ Was macht dich gerade richtig wütend?

☐ Worüber freust du dich?

☐ Wie fühlt sich deine Beziehung zu Gott momentan an?

Nelli

14 BASISLAGER

Bittet, und ihr werdet erhalten. Sucht,
und ihr werdet finden. Klopft an,
und die Tür wird euch geöffnet werden.

Matthäus 7,7

Vielleicht kennst du das Gefühl, wenn der Pastor eine Bibelstelle vorliest und du denkst: *Ach, das habe ich doch jetzt schon wirklich zehnmal gehört.*
Ich hatte solche Momente zumindest immer mal wieder. Wenn man in der „christlichen Blase" aufwächst, kann einem schon irgendwann mal langweilig werden ... Du hörst immer wieder die gleichen Geschichten und wirst zu denselben Dingen ermutigt. *Gähn. Gibt es da nicht noch was anderes? Etwas, was ich noch nicht kenne und noch nicht weiß?*
Als Antwort darauf beschloss ich, die Bibel einmal komplett durchzulesen. Es ist nun mal so, dass jeder Pastor, jede Gemeinde ihre „Lieblingsbibelstellen" hat, aber daneben gibt es noch so viel anderes! Ich legte mich also ins Zeug, schrieb Bibelstellen ab und arbeitete mich durchs Alte Testament. Mein Bibelwissen wuchs und ich konnte in der Gemeinde immer besser mitdiskutieren.

Ich kämpfte auch gegen das Gefühl an, dass ich alle Geschichten schon kannte. Denn fast jede Predigt beleuchtet eine Bibelstelle ja aus einem anderen Winkel, und man kann immer wieder Neues aus einem einzigen Vers lernen.

Eigentlich hätte ich doch jetzt total erfüllt sein müssen. Ich meine, wenn man sich gut in Gottes Wort auskennt und immer Neues dazulernt, wächst doch auch der Glaube, oder?

Diese Erfahrung machte ich jedoch leider nicht. Denn mein Glaube basierte allein auf *Wissen* – und das war eine echte Falle. In der Schule wirst du ja dafür belohnt, wenn du viel weißt. Je fleißiger du dich auf eine Arbeit vorbereitest, desto besser ist wahrscheinlich deine Note. Wissen wird in unserer Gesellschaft mit guten Schulabschlüssen und der Chance auf ein Studium und Karriere belohnt. Doch was in unserer Welt super funktioniert, führt im Glauben in eine Sackgasse. Der Gottesdienst oder die persönliche Bibellesezeit ist nicht mit Schule zu vergleichen. Es gibt hier nur ein „Schulbuch": die Bibel. Doch du musst keine Tests schreiben und machst auch keinen Abschluss – um dann irgendwann „fertig" zu sein. Wenn du dich im Gottesdienst unterfordert fühlst, dann ist das wahrscheinlich ein guter Hinweis darauf, dass du in deinem Kopf zwar viel weißt, aber *dein Herz* noch ahnungslos ist.

Ich will dich hier nicht bloßstellen oder dich zurechtweisen. Denn ich stand an einem ähnlichen Punkt, und was ich hier schreibe, musste ich selbst auf die harte Tour lernen. Das Wissen über Gott bringt uns nicht näher zu ihm. Viele Jahre lang hatte ich zwar verstanden, dass Jesus für meine Sünden gestorben ist und ich sein Kind bin. Diese Worte machten jedoch nichts mit meinem Herzen. Ich schaute insgeheim auf andere Christen herab, die nicht so viel wussten wie ich. *Die sind halt noch nicht so weit*, dachte ich.

Irgendwann erkannte ich, dass Stolz einer der großen Feinde des Glaubens ist. Ich wünsche dir, dass du nicht in dieselbe Falle tappst wie ich. Meine Erfahrung hat mir klargemacht: Den Sprung vom *Wissen* zum *Glauben und Vertrauen* können wir nur dann schaffen, wenn wir Jesus darum bitten. Bitte Jesus darum, dass er dein Herz für sein Wort öffnet. Und wenn es für dich dran ist, dann bitte ihn um Vergebung für deinen Stolz.

Für mich verändert das bis heute alles. Ich kann in Predigten gar nicht oft genug hören, dass Jesus mich liebt, weil mein Herz sich daran so sehr freut. Ich gebe offen und ehrlich zu, dass ich dieses „kleine Einmaleins des Glaubens" erst mit 32 Jahren gelernt habe. Aber besser spät als nie!

CHALLENGE

Es ist gut möglich, dass dein Herz fast vor Freude platzt über das, was Jesus in deinem Leben schon alles getan hat. In diesem Fall finde ich es richtig cool, wenn du in der nächsten Jugendstunde davon berichtest, was Gott so alles in deinem Leben tut.

Solltest du jedoch merken, dass dein Herz noch nicht erreicht ist, weil du beim Wissen über Gott hängen geblieben bist, dann haben dir die Worte der Andacht vielleicht ziemlich wehgetan. Mich hätten sie zumindest verletzt. Ich hätte das wahrscheinlich sogar alles abgestritten und das Buch verächtlich zugeklappt ... Gib dieser Versuchung bitte nicht nach, sondern bitte Jesus um die Kraft, ganz ehrlich hinzuschauen. So seltsam es zunächst klingt: In einer solchen Ehrlichkeit liegen Heilung und Freiheit.

Christian

15 GEMEINSAM SIND WIR GROSS!

*So wie euer Körper viele Teile und jedes Körperteil
seine besondere Funktion hat, so verhält es sich
auch mit dem Leib Christi. Wir sind alle Teile eines
Leibes, und jeder von uns hat eine andere Aufgabe
zu erfüllen. Und da wir alle in Christus ein Leib
sind, gehören wir zueinander, und jeder Einzelne
ist auf alle anderen angewiesen.*

Römer 12,4–5

Gemeinsam kriegt man sehr viel mehr hin, als wenn man etwas ganz alleine stemmen will. Das durften wir auch mit unserem Jugendkreis erleben, als wir ein großes Konzert mit der Band „o'bros" planten und durchführten. Für einen alleine wäre das gar nicht möglich gewesen, weil es so viel Arbeit war. Aber zusammen waren wir dazu in der Lage.

Gemeinsam saßen wir im Jugendraum zusammen und verteilten alle Aufgaben. Unser Ziel war, dass jeder Jugendliche etwas übernimmt, das zu ihm passt. Jeder sollte erleben, dass es auf ihn ankommt. Tatsächlich gingen unser Plan und Wunsch auf: Jeder bekam seine Aufgabe und dann ging es los: Die Tickets wurden designt und gedruckt. Der Vorverkauf wurde in die Wege geleitet. Am Konzert-Tag gab es Security-Jugendliche, die am Eingang standen. Von einem Team wurde das Ticket der Besucher geprüft. Dann gab es überall tolle Hinweisschilder, die ganz kreativ gestaltet worden waren. Im Konzertsaal hatte ein Team schon alle Stühle weggeräumt, ein anderes Team hatte die Garderobe vorbereitet. Die Licht- und Tontechniker waren bereit. Die Musik-Band unserer Jugend war die Vorband. Zwei Moderatoren führten ganz toll durch den Abend. Nach dem Konzert konnten alle noch bei leckeren Drinks und Snacks den Abend ausklingen lassen. Die Lounge war total schön dekoriert.

Ja, die Arbeit wäre für einen allein gar nicht zu schaffen gewesen. Auch, weil einer allein gar nicht alle Begabungen gehabt hätte, die es für diesen Abend brauchte.

Ich glaube, dass genau das auch Gottes Idee war: dass wir einander brauchen. Wir sind wie ein großes Puzzle. Jeder kann Dinge richtig gut – und wir ergänzen uns mit unseren Begabungen gegenseitig. Wenn jeder das einbringt, was er kann, dann entsteht am Ende ein tolles, großes Puzzlebild. Erst zusammengesetzt ergeben die vielen Einzelteile einen Sinn.

Im Anfangsvers schreibt Paulus von so einem großen Puzzle, mit dem er die Gemeinde vergleicht: Der menschliche Körper besteht aus vielen einzelnen Gliedern – Armen, Beinen, Ohren, Füßen usw. Aber erst zusammengedacht ergeben sie ein funktionierendes System und können etwas bewirken. Dieses Bild macht auch deutlich, dass es nicht zwanzig Füße, sondern nur zwei braucht, nicht zehn Münder, sondern nur einen. Und nicht fünfzehn Ohren, sondern nur zwei ... So soll es auch in einer Gemeinde sein: Dort sollen nicht einige wenige Begabungen, sondern eine Vielfalt zu finden sein. Wenn jeder sich einbringt, ergibt sich ein unverwechselbares Bild.

Jeder wird gebraucht. Deshalb muss ich den anderen auch nicht „komisch" oder „nervig" finden. Nein, es braucht den anderen, damit der Körper laufen kann, die Gruppe als Ganzes gut funktioniert und etwas bewirken kann.

Manchmal ertappe ich mich dabei, dass ich jemanden, der so völlig anders tickt als ich, komisch oder seltsam finde. Manchmal merke ich, dass ich mich am liebsten nur mit Menschen umgeben will, die mir sehr ähnlich sind. Denn da ecke ich weniger an, da bekomme ich seltener andere Meinungen zu hören, da ist es einfach entspannter ... Aber ich glaube, dass Gott ganz bewusst die Vielfalt geschaffen hat. Ich glaube, er mag es, wenn wir lernen, mit anderen Menschen und anderen Meinungen umzugehen; wenn wir herausgefordert sind, andere so zu lieben, wie sie nun mal sind. Während wir mit den Typen, die völlig anders gestrickt sind als wir selbst, unterwegs sind, werden wir von Gott verändert. Unser Herz wird liebevoller und gnädiger. Gleichzeitig können wir so auch viel von Menschen lernen, die ganz anders sind als wir selbst.

Wir brauchen uns gegenseitig. Jeder hat seinen Platz. Deshalb müssen wir keine Angst davor haben, dass uns jemand den Platz wegnimmt oder dass jemand etwas besser kann als wir selbst.

Auch du hast durch deine Begabungen einen besonderen Platz in der Gemeinschaft! Und diesen Platz darfst du mutig einnehmen und fröhlich mit deinen Fähigkeiten anderen dienen.

CHALLENGE

Denk doch mal mit deinem Jugendkreis oder mit deinem Freundeskreis groß: Welche Aktion wäre so richtig cool – aber für einen einzigen Menschen überfordernd? Worauf habt ihr als Gruppe so richtig Lust? Brainstormt doch mal und schaut, ob es etwas gibt, was ihr als Gruppe echt mal gerne machen würdet. Trefft euch immer wieder, um darüber zu beten und zu reden. Wenn es an der Zeit ist: Verteilt die Aufgaben so, wie es zu euren Begabungen passt. Seid mutig, traut euch was Großes zu. Es ist möglich, wenn alle am Start sind und ihr Bestes geben. Gemeinsam seid ihr groß! 😊

Nelli

16 SPIEGELBILD

Da sprach Gott: „Wir wollen Menschen schaffen nach unserem Bild, die uns ähnlich sind. Sie sollen über die Fische im Meer, die Vögel am Himmel, über alles Vieh, die wilden Tiere und über alle Kriechtiere herrschen." So schuf Gott die Menschen nach seinem Bild, als Mann und Frau schuf er sie.

1. Mose 1,26–27

Wozu hat Gott mich berufen? Was möchte er mit meinem Leben anfangen?

Ich habe mal eine Liste von Dingen erstellt, die mir große Freude bereiten: Ich spreche gerne vor Leuten, arbeite mit Holz, fotografiere gern, erzähle von Jesus, jogge leidenschaftlich und begleite Menschen gerne im Glauben. Wenn ich jetzt versuchen würde, meine Gaben in einen Mixer zu werfen, was käme da raus? Ein Brei, der nach meiner Berufung schmeckt? Aber mal Spaß beiseite. Ich glaube, dass unsere Berufung zunächst noch gar nicht so viel mit unseren Gaben zu tun hat. Deshalb gehe ich mal ganz nach vorne in die Bibel – um dort nachzuschauen, *warum* Gott uns eigentlich geschaffen hat.

„Und Gott sprach: Lasst uns Menschen machen nach unserem Bild, die uns ähnlich sind."

Ich finde diesen Vers unglaublich spannend. Gott spricht hier davon, dass „wir" Menschen machen wollen, er redet also in der Mehrzahl von sich – und damit deutet er ein Geheimnis an: Gott ist drei Personen in einer Gestalt: Vater, Sohn (Jesus) und Heiliger Geist. Gott hat also eine Beziehung in und mit sich selbst. Klingt vielleicht erst mal schräg, aber wir finden diesen Zusammenhang in der Bibel an weiteren Stellen. Jesus sagt zum Beispiel in Johannes 14,16–17 selbst über sich: „Und ich werde den *Vater* bitten, und er wird euch einen anderen Ratgeber geben, der euch nie verlassen wird. Es ist *der Heilige Geist*, der in alle Wahrheit führt [...]" Alle drei Personen Gottes dienen einander und weisen auf den jeweils anderen hin. Das ist ein wunderschönes Bild, wie ich finde!

Gott – Vater, Sohn und Heiliger Geist – hat uns also nach seinem Bild erschaffen. Damit ist unsere Berufung bereits festgelegt: *Er hat uns dafür gemacht, um sein Wesen widerzuspiegeln.*

So wie Gott in sich Beziehung lebt, hat er auch uns Menschen als Beziehungswesen geschaffen. Gott hat dem Mann ein Gegenüber geschaffen, die Frau. Er hat die Ehe gemacht, damit die Menschen in dieser engen, vertrauten Lebensgemeinschaft seine Eigenschaften widerspiegeln. Wie großartig! Aber auch ohne Ehe möchte Gott, dass wir Menschen Gemeinschaft haben und Beziehungen gestalten, so wie er es selbst tut.

Spiegelst du Gottes Wesen wider? Für einen Spiegel ist es nicht anstrengend, das Licht zu spiegeln, das auf ihn fällt. Seine Aufgabe ist es nur, sich auf das Licht auszurichten. Unsere Aufgabe ist es lediglich, uns auf Gott auszurichten.

Leider richtet der Mensch sich immer wieder auf die falsche Quelle aus. Mit der Sünde zerbrach der Spiegel – wir Menschen haben die innige Beziehung zu Gott zerstört. Wenn man versucht, sich in einem gesplitterten Spiegel anzuschauen, entsteht da ein ziemlich diffuses Bild. Erst durch Jesus Christus kann dieser Spiegel wieder heil werden. Wenn wir in die Gemeinschaft mit Jesus eintreten, können wir wieder das tun, wozu wir berufen sind: Gottes Wesen widerspiegeln.

Wenn ich so meine Berufung verstehe, bin ich frei. Es ist mir plötzlich gar nicht mehr so wichtig, *was* ich tue. Mein einziges Ziel ist es, meinen Spiegel auf Gott auszurichten. Ich finde darin tiefe Erfüllung, habe keine Angst mehr, dass ich Gottes Ruf vielleicht nicht folge oder meine Gaben nicht richtig einsetze. Ich lasse mich von Gott leiten, ganz entspannt. Alles andere folgt dann. Gott hat uns in Jesus neu geschaffen, damit wir all das Gute tun, das er für unser Leben vorbereitet hat (siehe Epheser 2,10). Darauf vertraue ich. Ich suche mir nicht aus, was ich jetzt machen soll, denn er hat alles schon wunderbar für mich geplant.

Klar, deine Gaben können ein Hinweis sein, in welche Richtung Jesus mit dir gehen möchte. Vielleicht gibt es Dinge, die dein Herz höherschlagen lassen. Wenn sie nicht im Widerspruch zu Gottes Worten stehen, dann geh ihnen fröhlich nach. Du bist frei. Schau auf Jesus und lass dich von ihm überraschen. Ich will das auf jeden Fall tun. Denn *das* ist echtes Leben!

CHALLENGE

Für diese Challenge brauchst du eine Portion Ruhe und Ehrlichkeit. Frage dich: *Spiegele ich in dem, was ich tue, mit meinem Herzen Gottes Charakter wider? Ist mein Spiegel auf Jesus ausgerichtet oder auf etwas anderes? Mache ich mich abhängig von der Meinung anderer oder habe ich Freiheit in Jesus?*

Lass deine eigenen Ansprüche los und lass dir von Jesus zeigen, wo er dich hinführen will. Denk immer daran: Solange dein Herz auf Gott ausgerichtet ist, lebst du deine tiefste Berufung.

Christian

17 MISSIONSEINSATZ

Darum geht zu allen Völkern und macht sie zu
Jüngern. Tauft sie im Namen des Vaters und des
Sohnes und des Heiligen Geistes und lehrt sie, alle
Gebote zu halten, die ich euch gegeben habe. Und
ich versichere euch: Ich bin immer bei euch, bis ans
Ende der Zeit.

Matthäus 28,19–20

Im letzten Jahr flogen Nelli und ich in den Urlaub nach Gran
Canaria. Am Schalter in Frankfurt fiel mir eine Gruppe von
jungen Menschen auf. Sie sprachen fröhlich mit anderen
Reisenden in der Warteschlange. Immer wieder schnappte
ich Worte wie „Jesus" und „Glauben" auf. Einer in der Gruppe
fiel mir besonders ins Auge: Der Junge trug schwere Mili-
tärstiefel, einen großen Rucksack und hatte einen blonden
Lockenkopf. Die Jugendlichen diskutierten aufgeregt; es
gab offenbar Probleme beim Check-in der Gruppe.

Kurze Zeit später saßen Nelli und ich gemütlich im Flieger. Sekunden bevor die Tür verschlossen wurde, stürmte
der blonde Lockenkopf mit Begleitung herein. Offensichtlich hatten er und sein Team es gerade noch an Bord ge-

schafft. Er saß einige Reihen vor mir. Plötzlich stand er auf und rief mit lauter Stimme durch den Flieger: „Hallo, mein Name ist Max. Ich glaube an Jesus Christus. Wer mehr über ihn erfahren möchte, der kann während des Fluges gerne zu mir kommen."

Ich saß wie vom Donner gerührt da. Das passierte jetzt nicht gerade wirklich, oder? Das sollte also ein Zeugnis für Jesus sein?? Sofort stürmte ein Flugbegleiter auf ihn zu und bat ihn darum, sich wieder zu setzen.

Nach wenigen Momenten verwandelte sich mein Fremdschäm-Gefühl in Bewunderung, und ich konnte Gott nur danken für den mutigen Jesus-Bekenner.

Das Erlebnis mit Max hat mir gezeigt, dass Gott definitiv Menschen zu Missionaren beruft. Solch eine mutige Aktion – ich glaube, dazu muss man berufen sein. Vielleicht bist du ja einer von ihnen? Sollte das der Fall sein, dann freue ich mich riesig. Folge den Eindrücken deines Herzens und wag dich hinaus in die Welt.

Solltest du allerdings jetzt einen Schweißausbruch bei dem Gedanken an die Aktion von Max bekommen, dann gehörst du wahrscheinlich eher in meine Kategorie. Ich habe durch dieses Erlebnis gespürt, dass ich nicht zu solcher Art von Missionarsein berufen bin.

Allerdings ist damit das Thema für dich und mich nicht etwa abgehakt... Jesus gibt uns nämlich in Matthäus 28 einen klaren Auftrag: „Geht raus und macht alle Völker zu meinen Nachfolgern." Damit sind wir alle gemeint, nicht nur die missionarisch besonders Begabten. Dein Auftrag ist es also, anderen Menschen den Weg zu Jesus zu zeigen und sie auf ihrem Weg zu begleiten.

Gott hat dich ganz bewusst an einen bestimmten Ort gestellt – und mich auch. Du wirst nicht die Kollegen in meinem Labor erreichen – und ich nicht deine Schulfreunde.

Du hast einen Auftrag, da, wo du bist. Wir sollen im Alltag ein Hinweisschild auf Jesus sein. Doch nicht etwa krampfhaft, indem wir jetzt auf einmal alle mit einem christlichen T-Shirt durch die Gegend laufen. Ich denke eher daran, dass das, was in dir und in mir drin ist, ganz automatisch nach außen kommt.

Einer meiner Kollegen ist zum Beispiel leidenschaftlicher Bayern-München-Fan. Er berichtet uns regelmäßig von den Erfolgen des Teams. Jeder im Pausenraum weiß von seiner Leidenschaft. Er trägt sie im Herzen und auf der Zunge. Mit dem Glauben ist das nicht anders. Gott selbst wohnt in uns; und wenn wir für ihn „brennen", dann werden wir in unserem Leben immer mehr Veränderung erleben und diese ganz automatisch auch nach außen strahlen.

Meiner Erfahrung nach braucht es viel Geduld, wenn man missionarisch unterwegs sein will. Das heißt zu allererst: Ich stelle mich Gott zur Verfügung und überlasse die Resultate ihm. Nicht jeder wird es erleben, dass sich bei ihm Freunde und Klassenkameraden bekehren. Allerdings können wir auch nicht bestimmen, wie Gott uns einsetzen will. Mir tut es gut zu wissen, dass dieses Bayern-München-Beispiel in beide Richtungen funktioniert. Ich kenne das Herz meines Kollegen. Genauso kennt er aber auch meines. Allein schon diese Tatsache kann Gott gebrauchen.

Für dein Leben bedeutet das nun konkret: *Sei verfügbar.* Es ist wichtig, dass du mit Gott sprichst und auf ihn hörst. Wenn du den Eindruck hast, etwas sagen zu sollen, dann tu das mutig. Meist ist der erste Eindruck tatsächlich ein Tipp von Gott. Die Ängste melden sich erst an zweiter Stelle. Hab keine Angst vor der Reaktion der anderen. Ich weiß aus eigener Erfahrung, dass Ablehnung richtig wehtut. Gib diese Last an Gott ab. Er möchte, dass durch dich andere Menschen gerettet werden. Und ich finde, das ist eine megacoole Angelegenheit. Also, geh mutig in den Alltag und lass den scheinen, der in dir ist!

CHALLENGE

Stell dich jeden Morgen bewusst Gott zur Verfügung – als „Alltagsmissionar". Vielleicht ergibt sich ja ein Gespräch über Jesus. Oder du kommst in eine Situation, in der du jemandem helfen kannst. Vielleicht fühlt es sich auch so an, als ob gar nichts passiert. Egal, halte dich bereit und schau, was Gott daraus macht. Ich würde gern erfahren, was du nach dieser Woche zu erzählen hast…

Christian

18 AUF DIE GABEN, FERTIG ... LOS!

Dies alles bewirkt aber ein und derselbe Heilige Geist, indem er diese Gaben zuteilt und allein entscheidet, welche Gabe jeder Einzelne erhält.

1. Korinther 12,11

Weißt du eigentlich, dass du so richtig begabt bist? Dafür musst du erst mal *gar nichts* machen. Es ist ein Fakt, eine Wahrheit. Du bist begabt! Von Gott höchstpersönlich. Er hat dir Gaben geschenkt, dich mit bestimmten Stärken ausgestattet. Und das hat er bereits getan, *bevor* du geboren wurdest. Ganz schön krass, oder?

Aber das Ding ist, dass viele Menschen ihre Gaben gar nicht richtig kennen. Als ich einmal erwachsene Frauen fragte, was sie so richtig gut können, kamen einer Frau die Tränen – anstatt mir eine Antwort zu geben. Sie wusste es einfach nicht. Das hat mich ganz betroffen gemacht. Denn wenn Menschen ihre Begabungen nicht kennen, finden sie deswegen manchmal auch nicht den richtigen Platz im Leben. Ich will dich ermutigen: Finde heraus, was du richtig gut kannst. Lern dich selbst besser kennen. Damit kommst du auch Schritt für Schritt dahinter, welchen Platz im Leben Gott dir schenken will.

Das Tolle ist: Jeder einzelne Jesus-Nachfolger hat mindestens eine Gabe vom Heiligen Geist geschenkt bekommen. Denn in 1. Korinther 12,11 (NL) steht: „Dies alles bewirkt ein und derselbe Heilige Geist, indem er diese Gaben zuteilt und allein entscheidet, welche Gabe jeder Einzelne erhält." Ist das nicht ermutigend? In diesen Zeilen erfahren wir, dass wir gar nichts tun müssen, um eine Gabe zu bekommen. Gottes Geist selbst verteilt die Gaben. Dabei übersieht er keinen Christen – *jeder* bekommt eine Gabe. Ausnahmslos!

Als ich diesen Text las, kam mir die befreiende Erkenntnis: Wir müssen nicht in eine Art „Gaben-Supermarkt" gehen, um uns dort bei bestimmten Gaben anzustellen. Wir müssen uns auch nicht für eine Gabe bewerben, um sie zu bekommen. Nein – der Heilige Geist allein entscheidet, wem er welche Gabe gibt. Er entscheidet, wie er uns einsetzen will in unserer Gemeinde, in unserem Umfeld und in der Welt.

Deswegen: Mach dich auf die Reise, um deine persönliche Gabe zu entdecken! Gern möchte ich dir dafür ein paar Tipps mitgeben für deine „Entdeckertour". Du musst nicht alle Tipps der Reihe nach „abarbeiten". Vielleicht brauchst du nur einen Tipp – und die anderen überhaupt nicht. Aber diese Anregungen sollen dir dabei helfen, sensibel für deine persönliche Begabung zu werden.

1. **Experimentiere und probiere dich aus!** Gerade beim Gaben-Entdecken ist es sehr wertvoll, wenn du einfach mal Sachen ausprobierst. Ich wusste früher auch noch nicht so genau, wo genau ich mich in der Gemeinde einsetzen soll. Deswegen habe ich einfach mal alles, was mir

19 UNTER DRUCK

Verlass dich auf den Herrn von ganzem Herzen,
und verlass dich nicht auf deinen Verstand,
sondern gedenke an ihn in allen deinen Wegen, so
wird er dich recht führen.

Sprüche 3,5–6; LU

Leistungsdruck – puh, keine schöne Sache. Wie viel wird doch in der Schule und später an der Uni oder vom Chef erwartet! Bis zu einem bestimmten Tag muss alles vorbereitet, muss die Präsentation fertig sein. Dann wird die Leistung abgerufen. Klar, man kann sich vorbereiten, aber was ist, wenn der Berg an Arbeit so groß erscheint, dass er einen regelrecht lähmt? Was ist, wenn man am Abend vor dem Test immer noch nicht richtig verstanden hat, wie man die binomischen Formen anwendet oder wie der Satz des Pythagoras funktioniert? Dann kriegt man Stress, und ein Gefühl aus Angst und Überforderung meldet sich.

In meiner Arbeit als Jugendleiterin ging es in den Gesprächen mit meinen Jugendlichen sehr oft um die Klassenarbeit am nächsten Tag – oder um die Aufgabe, die für die Schule noch gemacht werden musste. Einige von ihnen gingen recht locker mit diesem Druck um. Sie machten sich nicht so den großen Kopf und erledigten einfach eine Sache nach der anderen. Für sie stand die Schule nicht so stark im Vordergrund. Aber da gab es auch ein Mädel, das sehr oft unter hohem Leistungsdruck stand. Sie war richtig gut in der Schule und bekam meistens auch wirklich hervorragende Noten. Trotzdem stand sie immer unter Druck und hatte Angst davor, nicht genug gelernt zu haben. Es gab Zeiten, da kam sie nur selten zur Jugend, weil sie „so furchtbar viel zu lernen hatte". Aber auch in die Kirche kam sie recht selten, weil sie lernen musste. Der Leistungsdruck und damit auch die Schule nahm in ihrem Leben einen extrem großen Platz ein. Je mehr sie die Freizeitbeschäftigungen oder Aktivitäten mit dem Jugendkreis zurückstellte, desto größer wurde die Sache mit der Schule.

Auch ich kenne Leistungsdruck sehr gut. Ich erlebe hin und wieder Druck, wenn ich zu einem Event eingeladen werde oder bis zu einem bestimmten Termin das Manuskript für mein Buch abgeben muss. Klar, ich versuche mir genügend Zeit zu nehmen, um alles in Ruhe zu schaffen. Aber das Leben spielt manchmal anders, als man es geplant hat. Erst kürzlich wollte ich zwei Wochen lang richtig viel und intensiv arbeiten und dann: wurde ich krank. Damit waren es plötzlich zwei Wochen weniger, die ich für meine Arbeit zur Verfügung hatte. Und plötzlich steckte ich mittendrin im Leistungsdruck...

Der Anfangsvers aus Sprüche 3,5 hat schon viele Menschen ermutigt. *Verlass dich auf den Herrn von ganzem Herzen... er wird dich recht führen.* Ein echt starker Vers, finde ich, gerade im Blick auf Leistungsdruck. Ich ertappe mich in solchen Druck- und Stresszeiten immer wieder, dass ich oft nur auf meine begrenzten, menschlichen Möglichkeiten schaue. Wenn mir bewusst wird, dass die Arbeit viel ist und meine Kraft oder Zeit nur sehr begrenzt, bekomme ich Angst zu versagen. Dann sehe ich mich schon kläglich scheitern. In mir entwickelt sich dann große Hektik, und ich sage alles Mögliche ab und ziehe mich zurück. Und dann wiederum steigt meine schlechte Laune und alles ist plötzlich ganz schlimm ...

Aber wie viel besser und kraftvoller dagegen ist es, wenn ich in solchen Zeiten auf Gott schaue und mich auf ihn verlasse! Mich auf ihn zu verlassen bedeutet: meine Sorgen und Ängste bei ihm loszulassen. Ich baue dann nicht mehr auf meine begrenzten Möglichkeiten, sondern schaue auf ihn, der mich gut durch die „heiße Phase" führen wird. Gott selbst geht mit mir durch die Lern- oder Prüfungszeit. Er lässt mich nicht im Stress untergehen, sondern zeigt mir einen guten Weg raus aus dem Stress.

Tja – ich muss zugeben: Das ist wirklich leichter gesagt als getan. Wenn der Druck sich in mir breitmacht, ist es schon fast zu spät, auf Gott zu schauen. Deshalb will ich dich aus dieser Erfahrung heraus ermutigen, den ganzen Bereich „Schule und Lernen" Gott zu unterstellen. Bevor dich der Stress im Griff hat. Lass nicht zu, dass dir das Lernen und der Erfolg und die Leistung wichtiger werden als Gott selbst. Unterstelle all das bewusst Gott, und sag ihm, dass du ihn nicht aus den Augen verlieren willst, wenn du in stressige Zeiten gerätst. Lass dich bewusst von ihm durch diese Phasen führen – schaue ganz auf ihn. Er hat ganz andere Möglichkeiten für dich, die du noch gar nicht sehen kannst. An seiner Hand kommst du gelassener und besser durch Prüfungszeiten. Lass den Druck bei ihm los!

CHALLENGE

Nimm dir in heißen Prüfungszeiten ganz bewusst die Zeit, morgens fünf Minuten Zeit mit Gott zu verbringen. Sowohl an den Tagen, an denen du etwas abgeben oder eine Klassenarbeit schreiben musst – als auch an den Tagen, an denen du dich darauf vorbereitest. In dieser Zeit kannst du folgendes Gebet sprechen:

Lieber Papa im Himmel,

danke, dass du mir diesen Tag heute schenkst und es ein guter Tag wird.
Danke, dass du mir meine Angst vor dem Scheitern nehmen willst. Du liebst mich, und in deinen Augen bin ich jetzt schon wertvoll – ohne irgendeine Leistung erbringen zu müssen.
Danke, dass du allen Druck und Stress ans Kreuz genagelt hast. Ich bin frei.
Danke, dass du mich durch den Tag heute führen wirst. Ich darf darauf vertrauen:
Du selbst wirst mich stärken und mich führen.
Danke, dass ich mich auf dich verlassen darf.
Mit dir zusammen ist dieser Tag heute kein Grund zur Sorge, sondern ein guter Tag!
Amen.

Nelli

20 GELD, GELD, GELD ...

Wer auf mich hört und danach handelt, ist klug und handelt wie ein Mann, der ein Haus auf massiven Felsen baut. Auch wenn der Regen in Sturzbächen vom Himmel rauscht und die Stürme an diesem Haus rütteln, wird es nicht einstürzen, weil es auf Fels gebaut ist. Doch wer auf mich hört und nicht danach handelt, ist wie ein Mann, der ein Haus auf Sand baut. Wenn der Regen und das Hochwasser kommen und die Stürme an diesem Haus rütteln, wird es mit Getöse einstürzen.

Matthäus 7,24–27

Wahrscheinlich hast du bisher noch nicht allzu viel Geld in deinem Leben angehäuft. Das ist ein sehr guter Zeitpunkt, um über Finanzen nachzudenken. Denn je früher du eine gute Einstellung zu dem Thema entwickelst, desto leichter wird es dir später fallen, auch angesichts größerer Summen die richtige Haltung zum Geld zu haben.

Jesus spricht in seinen Gleichnissen oft von Geld. Obwohl in der Bibel viel über das Thema Finanzen steht: Gott hat es nicht erschaffen. Das ist für mich eine erste wichtige

Beobachtung. In seiner wunderbaren Schöpfung ist kein Geld enthalten. Wenn etwas nicht von Gott kommt, dann sollte man genau hinschauen, denn es ist nicht immer was Gutes. Ich denke, bei keiner anderen Sache wird das so deutlich wie beim Geld. Es trennt uns in Arm und Reich. Es definiert, ob jemand Erfolg hat oder nicht. Es macht überheblich, stolz und gierig. Geld ist ein Spiegel für viele schlechte Eigenschaften, die durch die Sünde in die Welt kamen.

Für mich persönlich ist die verführerischste Eigenschaft des Geldes die vermeintliche Sicherheit, die mir die Euros auf meinem Konto geben. Manche Menschen verbringen Tage damit zu überlegen, wie sie ihr Geld am besten anlegen und vermehren können. Ich gehöre zwar nicht zu dieser Kategorie, doch beruhigt mich der regelmäßige Blick auf meinen wachsenden Kontostand. Gleichzeitig kontrolliert das Geld damit mein Leben: Es verbietet mir, meinen Job zu kündigen und etwas anderes zu tun, wofür man weniger verdient. Ich werde dazu getrieben, immer mehr Geld anzuhäufen, um mich weiterhin sicher zu fühlen. Doch es bleibt immer ein Fragezeichen. Bis zu meinem letzten Atemzug könnte ich mich mit meiner finanziellen Absicherung beschäftigen, denn erst dann bin ich mir sicher, dass es gereicht hat.

Wenn Geld meine Sicherheit ist, dann bin ich der Baumeister, der sein Lebenshaus auf Sand gebaut hat. Der Verlust meines Jobs, eine plötzliche Krankheit oder die nächste Wirtschaftskrise können mich jederzeit wegpusten. Ich glaube, dass Jesus mich trotzdem liebt. Er sagt ja nicht, dass der Baumeister jämmerlich zugrunde gehen wird. Ich bin aber wie Jesus davon überzeugt, dass der Einsturz gewaltig sein wird.

Wie können du und ich es nun schaffen, unser Lebenshaus auf Felsen zu bauen? Gott gibt uns in der Bibel dafür gute Wegweisungen.

An erster Stelle steht die Erkenntnis, dass Gott alles gehört. Er hat uns und das ganze Universum geschaffen. Also am Ende auch meine Kleidung, mein Smartphone und das Essen, denn all das besteht ja aus Atomen und Molekülen, die er ins Leben gerufen hat. Als Erinnerung an diese Wahrheit finde ich die Übung, den zehnten Teil meines Einkommens abzugeben, richtig gut. Bereits im Alten Testament lesen wir davon, und mir macht das mittlerweile richtig Freude. Meine Frau und ich teilen den Betrag auf in „für die Gemeinde", „für Kinderpatenschaften" und für andere Projekte. Und wir bekommen immer wieder tolle Rückmeldungen von den Empfängern, was total ermutigend für uns ist.

Manchmal werden wir – im Gottesdienst oder im Alltag – auch von Gott „angetippt". Wir bekommen dann spontan den Eindruck, etwas für einen bestimmten Menschen oder ein Projekt zu geben. Meist folgen wir dieser Einladung von Gott und erleben den Segen und die Freude des Teilens.

Geld abgeben ist zuletzt für mich eine Übung, die über das Geben hinausgeht. Denn ich kann ja großzügig sein und trotzdem im Herzen das Geld zu meiner Sicherheit erklärt haben. Es braucht deswegen einen klaren Perspektivwechsel im eigenen Herzen: Gott versorgt mich – und nicht das Geld auf meinem Konto.

Aktuell übe ich, Geld und Gott miteinander zu verknüpfen. Wenn ich mal wieder an meinen Besitz denke, lenke ich meinen Blick bewusst auf den, der mich als Verwalter des Besitzes eingesetzt hat. Dadurch bekommt das Geld den Platz in meinem Leben, der ihm zusteht. Ich löse mich so immer mehr von den Euros auf dem Konto und schaue auf Gott als meinen Versorger. Er selbst lädt uns immer wieder ein: „Bittet, so wird euch gegeben" (Matthäus 7,7). Und auf diese Zusage möchte ich vertrauen, auch wenn es mal so aussieht, als würde es nicht reichen. Denn er weiß ja, was wir brauchen – und wird es uns zum richtigen Zeitpunkt geben.

CHALLENGE

Welche Haltung hast du zum Geld und zu deinem Besitz? Ist es dein Götze geworden, deine Sicherheit – oder stehst du fest auf Jesus? Geh mutig daran, dich in dieser Sache klar auf Gott auszurichten. Ein erster Schritt ist die Übung, den zehnten Teil von deinem Einkommen (Taschengeld oder Mini-Job) abzugeben. Gib Gott fröhlich, was ihm sowieso schon gehört. Das macht dich frei und hilft dir, weniger auf die Versorgung als vielmehr auf den Versorger zu schauen.

Christian

21 DER SOUNDTRACK DEINES LEBENS

*Weil Gott so gnädig ist, hat er euch durch den
Glauben gerettet. Und das ist nicht euer eigenes
Verdienst; es ist ein Geschenk Gottes. Ihr werdet
also nicht aufgrund eurer guten Taten gerettet,
damit sich niemand etwas darauf einbilden kann.
Denn wir sind Gottes Schöpfung. Er hat uns in
Christus Jesus neu geschaffen, damit wir die guten
Taten ausführen, die er für unser Leben vorbereitet
hat.*

Epheser 2,8–10

Was ist deine Motivation, Gutes zu tun? Willst du dafür ge-
lobt werden oder eine Belohnung bekommen?

Im Alltag sind das ja ganz normale Motive. Aber bei Gott
ist das vollkommen anders. Ich bin total froh, dass er eine
andere Sichtweise hat als wir Menschen. Du und ich, wir
können uns den Himmel nicht erarbeiten, und Paulus for-
muliert das in seinem Brief an die Epheser sehr deutlich. Als
Wissenschaftler leuchtet mir das ein. Denn wie will ich mir

denn mit irdischen Mitteln etwas Göttliches wie den Himmel erarbeiten? Das wäre ähnlich sinnlos wie der Versuch, Mist in Gold zu verwandeln ...

Für mich ist das die wunderbarste Botschaft, die es gibt: Ich bin geliebt, noch bevor ich irgendetwas dafür tun kann. Es ist Gottes Gnade allein, die mich rettet. Dadurch, dass ich daran glaube, ist alles für mich getan. Ich kann durchatmen und mich entspannen; ich brauche kein schlechtes Gewissen haben, weil mir noch 796 gute Taten fehlen, um in den Himmel zu kommen.

Aber in den letzten beiden Zeilen der Bibelstelle steht ja doch etwas von „guten Taten" drin, die wir tun sollen, denkst du jetzt vielleicht. Ist es etwa doch unsere Aufgabe, uns den Himmel zu erarbeiten?

Ich glaube nicht. Vielleicht hilft dir das folgende Bild, die Sache ein wenig besser zu verstehen:

Ein Klavier ist dazu geschaffen, schöne Klänge von sich zu geben. Wir sind dazu geschaffen, Gutes zu tun. Um ein bestimmtes Stück auf einem Klavier zu spielen, brauche ich das entsprechende Notenblatt. Nur so weiß ich, was ich überhaupt spielen soll. Dieses „Notenblatt" sind quasi die guten Werke, die Gott bereits für mich vorbereitet hat. Er legt sie mir auf die Notenhalterung am Klavier, und ich darf die Melodie auf den Tasten spielen – weil er mich dazu begabt hat, das Instrument zu spielen. Ich werde also große Freude dabei haben, wenn ich nach seinen Noten musiziere.

Mir gefällt an diesem Vergleich, dass es nicht nach schwerer Arbeit klingt. Ich dachte früher immer: *Für Jesus unterwegs zu sein ist ein Knochenjob. Ich muss mich immer heftig anstrengen, den Leuten von ihm zu erzählen, kein böses Wort mehr zu sagen, anderen zu helfen und vieles mehr.*

Ich glaube, Gott hat viel weniger „Arbeit" für uns, als wir manchmal denken. Er quetscht uns nicht aus wie eine Zitrone. In der Bibel lesen wir, dass er uns nicht wie Knechte behandelt, sondern wie *Freunde* (siehe Johannes 15,14–15). Du und ich, wir dürfen loslassen. Denn Jesus selbst will uns Ruhe schenken. „Nehmt mein Joch auf euch", sagt er. „Ich will euch lehren, denn ich bin demütig und freundlich (...) und die Last, die ich euch auflege, ist leicht" (Matthäus 11,28–30).

Jesus will uns von dem Stress befreien, den wir uns manchmal für ihn machen. Er ist liebevoll und sanft und wird dich nicht „auspowern". Du bist ihm so viel wichtiger als alles, was du für ihn tust! Gleichzeitig hält er die Melodie deines Lebens für dich bereit. Er möchte sie mit dir zusammen spielen.

Wie kannst du nun feststellen, ob du die Noten spielst, die *Jesus* dir auf dein Notenpult legt, oder irgendwelche anderen? Vielleicht ist es eine Hilfe, mal innezuhalten und zu überlegen: Machst du das, was du tust, wirklich deshalb, weil du Freude dabei empfindest oder Liebe für Gott? Ich weiß, dass jede Aufgabe manchmal auch eine Last ist, aber ich rede jetzt von deiner grundsätzlichen Haltung zu den Dingen, die du für und mit Jesus tust. Willst du ihm oder anderen Menschen gefallen? Setzt du deine Gaben und Fähigkeiten ein oder quälst du dich mit einer Aufgabe, die dir zugeteilt wurde?

Manchmal ist es wichtig, eine Sache abzugeben, um frei zu sein für das, was Jesus sich von dir wünscht. Dieser Schritt erfordert Mut, aber der Gewinn ist groß. Die Melodie zu spielen, die Jesus für dich persönlich vorbereitet hat, ist nämlich eine Melodie der *Freude*, nicht der Schwere. Sie spielt sich leicht und sie passt zu dir. Hab Mut, sie zu entdecken!

CHALLENGE

Mach in dieser Woche einen kleinen Neustart und lass folgende Aussagen an dein Herz: *Du bist mehr, als du tust. Du bist Gottes Kind. Dein Wert steht schon fest. Er ist nicht abhängig von deinem Tun.*

Mit dieser Gewissheit im Herzen frag dich dann: *Spiele ich bereits Gottes Noten für mein Leben? Oder quäle ich mich mit einem komplizierten Stück, das Gott mir gar nicht aufs Pult gelegt hat?*

Hab den Mut loszulassen, dich nicht mehr über dein Tun zu definieren, sondern dich von Gott leiten zu lassen.

Christian

22 DEIN BILD VON GOTT

Und sie nannte den Namen des Herrn,
der mit ihr redete: Du bist ein Gott, der mich sieht.

1. Mose 16,13; LU

Stell dir vor, wir alle hätten ein Foto von Gott in einem Bilderrahmen auf unserem Nachttisch stehen. Was für ein Bild würde bei dir drinstecken? Klar, das ist eine schwierige Frage. Gott ist ja kein Mensch. Und sein Aussehen können wir nicht beschreiben, weil noch niemand von uns Gott gesehen hat. Trotzdem hat jeder von uns ein Bild von ihm im Kopf. Dieses Bild hat sich im Laufe unseres Lebens entwickelt. Es ist nicht einfach so aus Zufall entstanden, sondern wurde geprägt – von unserer Kirche, in der wir groß geworden sind. Von den Menschen, die uns nahestanden. Ziemlich oft auch durch unsere Eltern. Ein Kind, das sehr streng erzogen worden ist und einen distanzierten und fordernden Vater erlebt hat, wird sehr wahrscheinlich diese Charaktereigenschaften auch bei Gott vermuten – und wird vielleicht Angst vor Gott entwickeln, wenn es einen Fehler gemacht hat.

Das Bild, das wir von Gott haben, kann also verzerrt sein, verschwommen, falsch, fehlerhaft, unvollständig.

Welches Bild von Gott hast du? Was hat dein Bild über Gott geprägt? Ich glaube, es ist heilsam und wichtig, uns immer mal wieder dieses Bild anzuschauen und uns die Frage zu stellen: Wird Gott tatsächlich so in der Bibel beschrieben? Oder geben wir uns vielleicht mit einem fehlerhaften Nachdruck zufrieden? Um dem Original auf die Spur zu kommen, dürfen wir in der Bibel forschen. Schon durch die Art und Weise, *wie* Gott mit den Menschen Geschichte schreibt, können wir erkennen, wie er ist. Daran, dass er sein Volk Israel immer wieder geführt und mit allem Nötigen versorgt hat – auch in schwierigen Umständen –, können wir etwas über Gottes Wesen (neu) entdecken. Er kümmert sich um uns. Er versorgt uns.

Aber genauso spannend wie die Geschichten des Alten Testaments finde ich auch, Gott anhand seiner verschiedenen Namen kennenzulernen. Diese sagen nämlich sehr viel über ihn als Person aus – also, welche Charaktereigenschaften und Wesenszüge ihn auszeichnen. In der Bibel werden ungefähr 100 Namen Gottes erwähnt[*]. Hundert – ist das nicht heftig? So vielfältig ist Gott, so facettenreich!

Hier mal für eine kleine Auswahl an Gottesnamen. Mich begeistern die verschiedenen Namen total, weil ich dadurch besser verstehe, wer und wie er ist:

☐ Gott ist *Elohim*, der mächtige Schöpfer
☐ Gott ist *Schub Nefesch*, der Erneuerer des Lebens
☐ Gott ist *El Kadosch*, der Heilige
☐ Gott ist *Jahwe-Jireh*, mein Versorger
☐ Gott ist *El Sela*, mein Fels
☐ Gott ist *Jahwe-Rapha*, der Herr, der heilt

---

[*] Aus dem Buch von Christopher D. Hudson, „Du bist der Gott, der mich sieht" (Gerth Medien).

□ Gott ist *Jahwe-Schammah*, der Herr, der da ist
□ Gott ist *Jahwe-Palat*, der Befreier
□ Gott ist *El Roi*, der Gott, der mich sieht

Tatsächlich habe ich erst kürzlich noch stärker als je zuvor den Wert dieser Namen Gottes für mich entdeckt. Es ist zutiefst ermutigend, in Zeiten der Unsicherheit Gott als *Fels und Sicherheit* zu begreifen. Es ist so ermutigend, in Zeiten von Krankheit Gott als Jahwe-*Rapha* anzubeten. Es ist so stärkend, in unklaren Zeiten Gott als *El Roi* anzubeten.

Ja, es ist so unfassbar stärkend und ermutigend, das durfte ich immer wieder erleben. Gott ist eben nicht nur der Fels oder nur der Arzt oder nur der Schöpfer oder nur der Versorger – er ist das *alles zusammen – und noch viel mehr als das*. All diese Facetten zusammengenommen lassen uns etwas von Gottes unfassbarer Größe und seinem Wesen erahnen.

Neben den Gottesnamen können wir in der Bibel auch verschiedene Namen über Jesus entdecken: die „Ich bin"-Worte. Jesus sagt im Johannesevangelium über sich selbst, dass er *der Hirte* ist, *die Tür, die Auferstehung und das Leben, das Licht der Welt, das Brot des Lebens* und noch vieles mehr. Auch diese Ich-bin-Worte beschreiben Gottes Charakter – denn Jesus ist ja als Sohn Gottes ein „Teil von Gott".

Also, trete noch mal näher an dein Bild von Gott heran und schau es dir genau an. Wo stimmt es mit dem überein, was du über Gott in der Bibel lesen kannst? Wo haben sich möglicherweise Fehler eingeschlichen? Wenn du Gott misstraust, wenn du ihn als jemanden wahrnimmst, der Druck ausübt oder dir Angst einjagt oder dich gängelt, dann hast du sehr wahrscheinlich ein Zerrbild vor dir. Bitte Gott, dir sein wahres Wesen zu offenbaren. Ich bin mir sicher, dass er dein Bild korrigieren und erneuern wird!

Übrigens: Solange wir auf dieser Erde leben, werden wir niemals ein gestochen scharfes Bild von Gott haben. Vielleicht sind wir gerade von einer bestimmten Eigenschaft Gottes begeistert und vergessen darüber andere Eigenschaften, die genauso wertvoll sind... Und ein Leben lang werden wir immer wieder neue Facetten seines Wesens entdecken. Niemals werden wir sagen können: Jetzt weiß ich, wie Gott ist! Gott ist und bleibt in seiner Größe unfassbar für uns, ein Geheimnis. Aber es ist so kostbar, ihn immer besser kennenzulernen!

CHALLENGE

Überleg mal: Wer hat dein Bild über Gott geprägt? Wo ist dein Gottesbild möglicherweise fehlerhaft oder verzerrt? Sage Gott, dass du ihn besser kennenlernen möchtest, und lass dein Bild von ihm selbst korrigieren. Falls dein Bild von Gott total in der Schieflage ist, du z. B. Gott nicht mehr vertrauen kannst, kann es hilfreich sein, Seelsorge in Anspruch zu nehmen. Ein gesundes Gottesbild ist so entscheidend für einen gesunden Glauben. Hab Mut, Gott ganz neu zu entdecken!

Nelli

23 DANKBARKEITSTRAINER

Seid dankbar in allen Dingen; denn das ist der
Wille Gottes in Christus Jesus für euch.

1. Thessalonicher 5,18; LU

Heute war ein unvergesslich schöner Tag. Ich habe einen wundervollen Sonnenuntergang in hellem Lila, zartem Rosé und einem verspielten Orange gesehen. Außerdem habe ich ein herzerwärmendes Telefonat mit einer Freundin geführt – wir konnten auch zusammen beten. Ich hab die Wände in meinem neuen Kreativraum gestrichen und dabei viel Spaß mit meiner Schwiegermutter gehabt. Zum Abschluss hab ich noch einen schönen Film angeschaut… Mein Herz ist am Ende dieses Tages bis obenhin mit Dankbarkeit gefüllt. Richtig tiefer Dankbarkeit!

Das Leben ist ein echtes Geschenk. Ich weiß, manchmal erleben wir Dinge, die alles andere als schön sind. Wir trauern um liebe Menschen, müssen eine Klasse wiederholen oder fühlen uns manchmal so allein und sehnen uns nach Freundschaft. Wir fragen uns, welchen Beruf wir wählen sollen, haben Fragen an das Leben und an Gott. Manchmal ist der Alltag einfach öde und wir wollen mal wieder ein richtiges Abenteuer erleben – mal was ganz anderes machen. Ja, das Leben ist manchmal langweilig oder schwierig oder es tut richtig weh. Aber – und das durfte ich schon oft erleben – dann weht plötzlich wieder Hoffnung in die Bereiche hinein, die nicht so gut laufen. Plötzlich bekommt man eine neue Chance oder eine neue Idee für den Beruf, weil man die Klasse wiederholen musste. Oder man lernt neue Freunde kennen oder steht plötzlich vor einem neuen Weg und neuen Möglichkeiten…

Das Leben ist ein Geschenk. Nur manchmal vergessen wir das, weil wir uns so an das Leben und auch an all die schönen Dinge gewöhnt haben. An manchen Tagen müssen wir vielleicht länger suchen, um dieses Geschenk zu finden. Aber ausnahmslos jeder Tag ist wertvoll, auch wenn er trüb und schwierig aussieht.

Der Duft des Waldes. Das schokoladige Nutella-Brot. Die Wärme der Sonne. Der Frische-Kick der Dusche. Die ermutigende WhatsApp-Nachricht. Ein Lächeln. Das kuschelige Bett. Der gefüllte Kühlschrank.

An jedem Tag dürfen wir uns neu dafür entscheiden, das Gute im Leben zu sehen, und dafür Gott „Danke" zu sagen.

Wofür bist du gerade so richtig dankbar? Wo schlägt dein Herz höher? Genieße das Gute in deinem Leben und freu dich darüber. Es ist nicht selbstverständlich. Nein, all das Gute in deinem Leben ist ein Geschenk von Gott!

Der Apostel Paulus schreibt in seinem Brief an die Thessalonicher: „Seid dankbar in allen Dingen; denn das ist der Wille Gottes in Christus Jesus für euch" (1. Thessalonicher 5,18; NL). Hier ermutigt Paulus uns, nicht nur dankbar zu sein, wenn wir gar nicht anders können, als dankbar zu sein, sondern *in allen Dingen*, also immer, dankbar zu sein. Puh, das ist echt eine Challenge und fast schon eine Überforderung, oder? Man kann doch gar nicht dankbar sein, zum Beispiel, wenn man eine „Sechs" geschrieben hat oder gerade Stress mit den Eltern hat. Ich denke, das meint Paulus hier auch nicht. Es wäre schon komisch, den Eltern die schlechte Note zu zeigen und gleichzeitig laut „Halleluja!" zu rufen ... Ich glaube, Paulus meint mit „in allen Dingen", dass wir generell eine dankbare Haltung in unserem Leben einnehmen sollten – also nicht das „Haar in der Suppe" suchen, sondern die leckere Suppe sehen. Nicht ständig über die Lehrer meckern, die zu viel Hausaufgaben aufgegeben und unfair benoten, sondern dankbar für die Schulbildung sein, denn das ist in vielen Ländern dieser Welt leider nicht selbstverständlich. Natürlich ist erst mal enttäuschend, wenn du eine schlechte Note schreibst, und anstrengend, wenn es grad stressig ist. Es ist nicht alles immer super. Aber dankbare Jesus-Nachfolger vertrauen Gott und wissen, dass er für sie sorgen wird: in *allen* Dingen. Weil er in allen Dingen für sie sorgen wird, können sie auch in allen Dingen dankbar sein. Gut, oder?

Mit diesen Gedanken im Hinterkopf ergibt für mich auch der Vers in Römer 8,28 sehr viel Sinn: „Wir wissen aber, dass denen, die Gott lieben, *alle Dinge* zum Besten dienen." Gott nimmt „alle Dinge" und lässt sie zu etwas Gutem werden. Vielleicht braucht es manchmal die „Sechs" in der Schule, um zum Lernen wachgerüttelt zu werden ... Vielleicht braucht es den Stress mit den Eltern, um noch einmal über das Problem zu reden ... Vielleicht braucht es auch die Krankheit, um Gott ganz neu zu erleben ... Gott liebt uns ohne Ende, und deshalb macht er es auch möglich, dass herausfordernde Situationen sich auflösen und wir daraus etwas Gutes mitnehmen können. Überlass dich Gott ganz – und sei dankbar in allen Dingen!

CHALLENGE

Dankbarkeit ist manchmal easy. Aber immer wieder auch echt schwer. Ich will dich herausfordern, einen Tag lang „in allen Dingen" dankbar zu sein. Bleib den ganzen Tag über ganz nah dran bei Gott. Und wenn Traurigkeit oder Ärger dein Herz belasten, schau sofort auf Jesus – und erinnere dich daran, dass er dich durchführen wird und dich nicht alleine lässt. Lass dich von ihm selbst durchtragen, und sei dankbar für all das Gute in deinem Leben.

Nelli

24 ALWAYS TRAVEL IN PAIRS

Ein fröhliches Herz ist die beste Medizin, ein
verzweifelter Geist aber schwächt die Kraft
eines Menschen.

Sprüche 17,22

Während ich diese Zeilen schreibe, befinde ich mich an einem Ort zur Wiederherstellung nach psychischer Erkrankung. Ich bin mega dankbar, dass ich diese Zeit in einem christlichen Haus verbringen darf. Hier ist fast jeder mit Jesus unterwegs. Wir kommen aus ganz unterschiedlichen Gemeinderichtungen, doch spielt das kaum eine Rolle. Jesus Christus ist unser gemeinsamer Nenner. Ich durfte hier schon so viele wundervolle Lebensberichte hören. Meist sind sie schon recht traurig, doch Jesus hat uns alle in den tiefsten Abgründen begleitet und richtet uns wieder auf! Wir erleben ganz praktisch, dass Gott ein wunderbarer Arzt ist und uns hilft. Jesus sagt am Anfang des Lukasevangeliums: „Der Geist des Herrn ruht auf mir, denn er hat mich gesalbt, um den Armen die gute Botschaft zu verkünden. Er hat mich gesandt, Gefangenen zu verkünden, dass sie freigelassen werden, Blinden, dass sie sehen werden,

Unterdrückten, dass sie befreit werden und dass die Zeit der Gnade des Herrn gekommen ist" (Lukas 4,18–19; NL). Seine Worte machen mir total viel Mut. Indem ich sein Wirken an mir und den anderen sehe, wird mein Vertrauen gestärkt. Und wenn ich Positives erlebe und von Menschen umgeben bin, die eine positive Ausstrahlung haben, färbt das definitiv ab! Wenn Menschen um dich herum sind, die Hoffnung haben, wird das immer eine Wirkung auf dich haben. Bist du dagegen nur von Pessimisten umgeben, fällt es dir extrem schwer, positiv gestimmt zu bleiben. Eine ganz simple Wahrheit!

Schau dich mal in deiner Gemeinde um und geh in Gedanken durch die Reihen: Wer strahlt Freude, Frieden, Geduld, Liebe und Freundlichkeit aus? (Lies in diesem Zusammenhang gern mal Galater 5,22 über die „Frucht des Geistes"!) Ich denke, dass da einige Menschen sind, bei denen du diese „Frucht" erkennen wirst.

Wenn du dich mit positiven Menschen umgibst, wird es dir auch leichter fallen, schlechte Gewohnheiten abzulegen. Hier ist ein Gegenüber eine große Hilfe! Mit jemanden über die eigenen Probleme, Sorgen und Ängste zu sprechen, ist Gold wert.

Ich persönlich habe echt tolle Erfahrungen mit Mentoren-Beziehungen gemacht. – Wenn dich ein Mensch mit seinem Glauben und seinem ganzen Wesen beeindruckt, dann sprich ihn doch einfach mal an. Frag ihn, ob er sich mit dir regelmäßig treffen würde. Das kann eine total intensive und gesegnete Sache werden. Ihr werdet beide davon profitieren! Ein Mentor kann dich dazu anspornen, nicht in alte Muster zurückzufallen. Auf diese Weise nimmt Jesus sich immer mehr Raum in deinem Herzen. Diese Freiheit wünsche ich mir und auch dir. Es gibt echt nichts Besseres, als frei zu werden von allem, was einen belastet!

Eine andere Möglichkeit ist eine Kleingruppe. Schau dich ruhig mal um, was es da in deiner Gemeinde so alles gibt. Nimm als innere Richtschnur wieder die positiven Eigenschaften („Frucht des Geistes" aus Galater 5,22) mit. Wenn du merkst, dass Jesus das Zentrum der Kleingruppe ist, dann hast du einen guten Platz gefunden.

Egal, welchen Weg du einschlägst: Bleib nicht allein! Ich hab für einige Jahre als „Inselchrist" gelebt. Das tat mir überhaupt nicht gut. Mit Gottes Gnade kam ich da zwar irgendwie durch, aber so stellt sich Jesus das „Follower-Sein" ja nicht vor ... Er hat Menschen für dich, die ein Segen für dich sein können – und umgedreht!

CHALLENGE

Du hast noch keine Kleingruppe, Jugendkreis bzw. eine Mentorenbeziehung? Dann mach dich auf die Suche. Gott hat dich nicht für die einsame Insel geschaffen. Solltest du schon in einer Gruppe unterwegs sein, dann prüfe mal, welchen Einfluss sie auf dich hat. Vielleicht dümpelt ihr gerade so vor euch hin ... oder die Treffen sind oberflächlich geworden. In diesem Fall wird es Zeit, das anzusprechen und wieder neue Fahrt mit Jesus aufzunehmen. Am besten gehst du das gleich bei eurem nächsten Treffen mal an. Da geht noch mehr!

Christian

25 LAUWARME SUPPE SCHMECKT NICHT

Aber da du wie lauwarmes Wasser bist,
werde ich dich aus meinem Mund ausspucken!
Offenbarung 3,16

Bin ich immer so leidenschaftlich, wenn ich über Jesus nachdenke und rede? Nein, da bin ich ganz ehrlich. Es gibt ganz unterschiedliche Phasen in meinem Leben. Manchmal spüre ich Jesus intensiv, und dann jubelt mein Herz und ich will einfach nur in seiner Nähe sein. Ich bin begeistert davon, dass ich Jesus nachfolgen darf und ihm mein Herz gehört. In solchen Zeiten bete ich viel und singe ihm Lieder. Und erzähle anderen von ihm.

Am liebsten wäre mir ja, dass diese intensive Jesusliebe immer in meinem Herzen wäre. Aber die Realität sieht leider anders aus: Immer wieder werden mir andere Dinge wichtiger: Meine kreativen Projekte. Meine Freundschaften. Meine Ideen. Meine Ehe. Dann drehe ich mich viel mehr um mich und die verschiedensten Themen als um Jesus selbst.

Natürlich ist Jesus damit nicht glücklich. Er würde nicht sagen: Hey, das passt schon. Ein bisschen warm ist voll gut und ausreichend. Kümmere dich gern auch um all die anderen Dinge. Ich bin nicht so wichtig, das passt schon. Nein, das würde Jesus niemals sagen. In Offenbarung 3,16 (NL) stehen Verse, die sehr klar sind: „Aber da du wie lauwarmes Wasser bist, werde ich dich aus meinem Mund ausspucken!" Puh – krasse Aussage, oder? Jesus mag kein „lauwarm", er mag „heiß".

Ich habe mich gefragt, warum Jesus hier so intolerant ist. Warum reicht es ihm nicht, wenn wir ihn so ein bisschen in unserem Leben drinhaben – also beten, in die Gemeinde gehen und freundlich zu anderen sind? Warum hat er den Anspruch an uns, dass wir kompromisslos mit ihm unterwegs sind und ihm mit Feuer im Herzen folgen? Mein Eindruck sagt mir: Weil Jesus selbst „heiß" ist. Wenn Gott nur ein bisschen Liebe für uns Menschen hätte, dann hätte er seinen Sohn niemals in unsere Welt geschickt. Wenn Jesus nur ein bisschen Liebe für uns hätte, dann wäre er niemals für uns ans Kreuz gegangen. Das wäre es ihm nicht wert gewesen – ohne diese brennende Liebe für uns, die aufs Ganze geht. Doch seine Leidenschaft und seine Liebe für uns kannten keine Grenzen. Er hatte nur uns Menschen im Sinn – sodass er tatsächlich diese schier verrückte Aktion durchgezogen hat: seinen Platz im Himmel zu verlassen, um bei den Menschen zu sein. Ganz nah, im verletzlichen Körper eines Menschen. Und die Liebe war es, die ihn dann dazu bewog, bis zum Äußersten zu gehen: ans Kreuz, um an diesem Folterinstrument schreckliche Qualen zu erleiden und schließlich zu sterben.

Freiwillig den Tod erleiden – so was macht man nicht einfach, weil man mal eben ein klein wenig Liebe für jemanden im Herzen hat. Kein Mensch tut so etwas. Und Gott tat es nur deshalb, weil in seinem Herzen das Feuer der Liebe für uns – für dich und mich – brannte.

So ist Jesus. So ist Gott. Voll brennender Liebe für uns. Wenn wir mit Jesus unterwegs sind, folgen wir diesem leidenschaftlichen Gott, dann lassen wir uns auf ein Leben voller Liebe ein. Eine „heiße" Liebe, die Jesus gilt, aber auch unserem Nächsten und uns selbst.

Ein Leben in dieser großen Liebe ist kein „lauwarmes Leben". Der Apostel Paulus schreibt in Römer 12,11 (LU) an die Kirche in Rom: „Seid nicht träge in dem, was ihr tun sollt. Seid brennend im Geist. Dient dem Herrn."

Mich bewegen diese Verse sehr stark. Weil ich merke, dass ich oft ganz und gar nicht brennend für Jesus bin, sondern eher für meinen Latte Macchiato und für meinen Käsekuchen oder für mein neues Kleid brenne. Das klingt krass, oder? Aber das ist die Wahrheit, da will ich ganz ehrlich sein.

Aber weißt du, was mich gerade so richtig tröstet? Dass ich heute, hier und jetzt, wieder neu anfangen darf, Jesus mit leidenschaftlicher Liebe zu folgen. Ich darf ihn jetzt und heute um Vergebung bitten, dass mir andere Dinge so viel wichtiger geworden sind als er. Und ich darf ihn darum bitten, dass er ganz neu mein Herz mit seiner Leidenschaft erfüllt.

Nachfolge bedeutet, sich immer und immer wieder von Jesus korrigieren zu lassen und einen neuen Schritt auf ihn zuzumachen.

Ein Nachfolger, in dem das Jesus-Feuer brennt, wird die Welt verändern. Aber nicht aus eigener Kraft und durch eigene Leistung, sondern allein durch Jesus und Gottes Geist. Durch den, der in dir lebt, wirst du die Welt verändern!

Also, gewöhn dich nicht an ein lauwarmes Leben. Ganz egal, was die Jesus-Nachfolger um dich herum machen. Vergleich dich nicht mit anderen Christen, um zu prüfen, ob du

„heiß" oder „kalt" bist. Vergleiche dich allein mit Jesus – und dann steckt er dich an mit neuer Leidenschaft und Liebe für ihn. Also – Feuer frei! ☺

CHALLENGE

Lass dich heute ganz neu von Gott und seinem Geist „anzünden". Sei heiß mit und für Jesus, und lass es zu, dass sein Feuer in deinem Leben sichtbar wird. Nimm dir heute dreißig Minuten Zeit, schließ dich ein, dreh die Lobpreismusik auf oder mach selbst Musik, und bitte Jesus, dein Herz ganz neu mit seiner „heißen Liebe" zu füllen. Brauchst du Anregungen? Dann google doch mal das Lied „I surrender" von Hillsong oder „Noch nie" von Johannes Hartl und sing mit!

Nelli

26 WASCHTAG

Ihr Heuchler! Sorgfältig achtet ihr darauf, dass eure Tassen und Teller nach außen sauber sind, doch innerlich seid ihr durch und durch verdorben – voller Missgunst und Maßlosigkeit! Wascht erst einmal die Tasse von innen aus; das Äußere wird dann von selbst sauber.

Matthäus 23,25–26

Ganz ehrlich, so eine Ansprache von Jesus will ich lieber nicht miterleben. Wenn ich mir die Wortwahl und all die Ausrufezeichen so anschaue, glaube ich nicht, dass Jesus das mit liebevollem Lächeln und sanftmütigem Ton gesagt hat. Im Klartext: Jesus war stinksauer auf die Pharisäer! An die hatte er nämlich diese harten Worte gerichtet.

Warum habe ich ausgerechnet diese Stelle für diese Andacht ausgewählt? Also, ich nehme euch mal kurz mit in die Bangertsche Wohnung. Ich räume ja täglich brav unsere Spülmaschine aus und drehe auch (meistens) die Tassen um, um zu schauen, ob sie auch innen sauber sind. Denn das schafft die Maschine nämlich nicht immer. Aber manchmal übersehe ich was und erlebe den ekligen

Moment, dass ich eine schön gespülte Tasse vom Regal nehme, mir Kaffee eingießen will – und mich Dreck vom Tassenboden anstarrt ...

So wie ich mich vor einer dreckigen Tasse ekle, ekelt sich Gott vor geheuchelter Nachfolge. Den Pharisäern damals war es wichtiger, nach außen alles sauber und korrekt zu machen – dabei klebte auf dem Grund ihres Herzens noch Dreck. Die religiöse Elite hatte die Zehn Gebote mittlerweile auf ungefähr 600 Gesetze erweitert, um auch ganz sicher jede erdenkliche Sünde zu vermeiden. Ich glaube, die Pharisäer waren auch die Einzigen, die danach leben konnten, denn ein normaler Arbeiter damals hatte sicher nicht die Zeit und Kraft, ständig alle 600 Anweisungen zu befolgen. Ursprünglich war die Sache mit den Geboten ja eine gute Idee. Die Gelehrten wollten Gott gefallen, und überlegten sich deshalb all diese Regeln, um es auch wirklich richtig zu machen. Leider verselbstständigte sich dieser gute Gedanke, und so waren sie schließlich mit nichts anderem mehr beschäftigt, als gefühlt bei jedem Schritt zu prüfen, ob jemand gerade eine rote Linie übertreten hat oder nicht.

Ich stelle mir so ein Leben ziemlich anstrengend vor. Gott hatte uns Menschen die Zehn Gebote ja mal aus Liebe gegeben. Sie sollen uns eine Hilfe sein, so zu leben, dass Gott geehrt wird und andere durch uns gesegnet werden. Nur gingen die Pharisäer an diesem Kern total vorbei. Sie hatten sich einen megafrommen Rahmen gebaut. Der Rahmen glitzerte und blinkte, doch erfüllte er seine eigentliche Aufgabe nicht. Er rahmte nur Luft ein.

Du ahnst an dieser Stelle vielleicht schon, welche Frage als Nächstes kommt. Wie sieht das in deinem persönlichen Leben aus? Klar, wir haben keine 600 Anweisungen. Aber auch wir stehen in der Gefahr, uns einen glitzernden „frommen Rahmen" zu bauen. Der kann aus Dingen bestehen, die an sich voll gut sind: Gottesdienstbesuche, Lobpreis-Abende, Bibel-App, Freizeiten, christliche Podcasts, Lobpreis-Playlist ... Ich weiß, das ist jetzt ein wenig provokativ, aber die Frage bleibt: Wofür bilden diese ganzen Aktivitäten den Rahmen? Machst du einfach mit, weil das deine Familie will? Gehst du zum Jugendabend, nur weil die Leute da nett sind? Hast du eine Bibel-App auf deinem Handy, nur um anderen zu zeigen, dass du Christ bist?

Egal, wie schön dieser Rahmen ist: Er erfüllt seinen Zweck nur, wenn er ein *Bild* einrahmt. Sonst ist er ein nutzloser Deko-Artikel. Nur wenn Jesus im Mittelpunkt all unserer Aktivitäten steht, ergibt das Ganze einen Sinn. Wenn wir ihm das Ruder überlassen, dann wird der Rahmen von selbst immer schöner und sinnerfüllter.

Fang in allem, was du tust, bei Jesus an. Die *Casting Crowns* bringen es in ihrem Lied „What this world needs" auf den Punkt: „God's got to change your heart before he changes your shirt." Erst kommt die Bekehrung, dann das christliche T-Shirt.

CHALLENGE

Sei ehrlich – zu dir selbst und vor Gott. Vielleicht bist du dir unsicher, ob du überhaupt an Jesus glauben möchtest. Suche das Gespräch mit deinem Jugendleiter/deiner Jugendleiterin oder einem anderen Christen, dem du vertraust. Hab keine Angst, Gott verwandelt Zweifel gerne in Frieden! Wenn dieser Punkt für dich klar ist, dann rede mit Jesus über deine Beziehung. Sei ehrlich zu dir, ob und in welchen Bereichen du vielleicht nur eine Show machst. Jesus liebt Ehrlichkeit. Du wirst ihn nicht enttäuschen. Er haut den

Dreck aus deinem Becher und macht dich innen rein. Hab Mut und lass ihn an dein Herz, gerade auch da, wo es weh-tut. Darauf liegt viel Segen!

Christian

27 DEIN KÖRPER – EIN TEMPEL

*Oder wisst ihr nicht, dass euer Leib ein Tempel des
Heiligen Geistes in euch ist, der in euch lebt und
euch von Gott geschenkt wurde? Ihr gehört nicht
euch selbst, denn Gott hat einen hohen Preis für
euch bezahlt. Deshalb ehrt Gott mit eurem Leib!*

1. Korinther 6,19–20

Das klingt für uns heute echt seltsam. Unser Körper soll ein
Tempel sein?

Zu der Zeit, als Paulus diesen Vergleich anstellte, gab es
in Jerusalem einen riesigen Tempel. Heute steht davon nur
noch eine Seitenmauer des Fundaments. Diese ist bekannt
als die Klagemauer. Im Tempel war Gott persönlich in einer
Wolke gegenwärtig. Wenn du das genauer nachlesen willst,
empfehle ich dir 1. Könige, Kapitel 8. Da ging es so richtig ab!

Zurück zu der Frage: Gott wohnt durch den Heiligen
Geist in mir? Wie kann man sich das vorstellen? Der Heilige Geist ist als Person Teil der geheimnisvollen Gemeinschaft, die Theologen auch „Dreieinigkeit Gottes" nennen.
Durch Gottes Heiligen Geist kann er überall präsent sein,
auch in mir.

Das ist eine wunderbare Gewissheit. Gott ist mir immer und überall ganz nah. Diese Tatsache bringt allerdings noch mehr mit sich: Ich gehöre nicht mehr mir selbst. Das klingt jetzt erst einmal seltsam, ist aber eigentlich logisch. Denn wenn der Schöpfer des ganzen Universums in mir wohnt, hat er ein Wohnrecht in mir, dann muss der Besitzanspruch ganz automatisch von mir auf Gott übergehen. Bei mir ist das erst beim Schreiben der Andacht so richtig im Herzen angekommen ...

Du gehörst dir nicht mehr selbst. Das ist etwas sehr Gutes, wenn Jesus dich besitzt. Es gibt auf dieser Welt nur eine Alternative, wenn es um den Besitzanspruch über dein Leben geht, und die empfehle ich keinem. Der Gedanke, dass wir selbstbestimmte Menschen sind, klingt für viele verlockend, ist aber im Grunde eine Illusion. Irgendein kluger Dichter hat das mal so erklärt: „Du glaubst zu lenken und wirst doch gelenkt." Die Frage ist nur, ob dich die Maßstäbe dieser Welt lenken – oder Gott.

Ich bin unendlich dankbar dafür, dass Gott mich lenkt. Gott selbst wohnt in mir. Er geht auch nicht wieder weg. Darauf dürfen wir ganz fest vertrauen. Er hält es neben all den dunklen Schatten aus, die noch in dir und mir drin sind. Er sagt aber auch, dass es nicht so bleiben muss.

Also, Zeit für Ehrlichkeit.

Gott hat klare Vorstellungen davon, wie wir mit unserem Körper umgehen sollen. Da er in uns wohnt, sind wir von ihm abhängig. Nun gibt es aber (auch bei mir!) Dinge, die in uns Platz beanspruchen. Die Liste dieser Dinge ist so lang, sie würden hier den Rahmen sprengen. Ich denke spontan an Alkohol, Drogen, Spielen, Wetten, Pornografie, Essen und (leider) vieles andere ...

Gott will, dass wir frei sind. Er will nicht, dass wir irgendetwas „brauchen" außer ihm. Da er in uns lebt, ist in unserem

Herzen Freiheit. Mach dir das mal deutlich: Die größte Freiheit, die du haben kannst, wohnt schon in deinem Herzen! Das spürst du vielleicht gerade nicht, da dein Leben noch voller Abhängigkeiten ist. Ich stelle mir das wie bei einem gesplitterten Handy-Display vor. Das Bild an sich ist intakt und farbenfroh, doch wirkt es nicht mehr, weil das Glas darüber einfach Schrott ist. Jesus will dir und mir helfen, unsere Abhängigkeiten loszuwerden. Das ist dann so, als ob man das Display tauscht – und dadurch das Bild wieder perfekt strahlt.

Ich war viele Jahre abhängig davon, von Mädels geliebt zu werden. Ich tat alles, um ihre Aufmerksamkeit zu bekommen. Ich dachte mir die romantischsten Aktionen aus und versuchte mir Liebe zu erarbeiten. Doch ich hatte keinen „Erfolg" und blieb gefangen in dieser Sucht. Erst heute kann ich darüber so offen schreiben. Ich will nicht von dir erwarten, dass du ehrlich wirst und ich es nicht gleichzeitig auch werde. Ich hoffe, das hilft dir, mutig vorwärtszugehen ...

CHALLENGE

Süchte und Abhängigkeiten sind oft von außen nicht sichtbar. Im ersten Schritt zählt nur, was Gott dir sagen möchte. Nimm dir Zeit, in seine Gegenwart zu kommen, und werde ehrlich vor ihm!

Im zweiten Schritt ermutige ich dich, einen Freund, Pastor oder Jugendleiter dazuzunehmen. Sprich dein Problem mutig aus. Damit verliert es an Macht. Gib jemand die Aufgabe, dich immer mal wieder darauf anzusprechen, wie es läuft. Das ist hart, aber am Ende wartet echte Freiheit! Du wirst wahrscheinlich auf diesem Weg auch immer wieder stolpern. Gott hat mir aus meiner Sucht herausgeholfen.

Ich brauche ihn aber auch heute noch. Er muss mich immer wieder daran erinnern, nicht die Liebe von Menschen höher zu schätzen als seine. Gottes Kraft wohnt auch in dir. Mit ihm schaffst du das!

Christian

28 LAS VEGAS

*Alle aber, die der Vater mir gegeben hat, werden zu
mir kommen, und ich werde sie nicht zurückweisen
oder hinausstoßen.*

Johannes 6,37

Kennst du die Jahreslosung für 2022? Die Auflösung folgt in
der Challenge am Ende der Andacht. (Aber bitte noch nicht
gucken! 😉)

Zunächst komme ich mit einem recht unbequemen
Thema: Sünde. Das klingt schon so dreckig. Dieser Begriff
ist in unserer Gesellschaft definitiv aus der Mode gekommen. Auch in der Gemeinde reden wir nicht gerne darüber;
wir wollen uns damit nicht beschäftigen. Ich höre eben-
falls viel lieber Predigten darüber, dass ich ein geliebtes
Kind Gottes bin, als über meine Sündhaftigkeit. Geht dir
das auch so?

Das Leben mit Jesus kann so schön sein. Du hast vielleicht eine richtig coole Teenie-Zeit und surfst gerade auf
der Jesus-Welle. Ja, ganz klar, es gibt solche Zeiten, und wir
lieben sie. Dann kommt aber irgendwann auch mal wieder
der Montag und du machst direkt von deinem Surfbrett

herunter einen Bauchplatscher. *Oh, die Blonde da vorne im Bus. Die sieht so Hammer aus. Da würde ich gerne ... Wieso hat der Typ schon wieder das neuste Smartphone? Das haben ihm doch wieder seine stinkreichen Eltern gekauft. Warum habe ich so Versager als Eltern? ... "*

Jetzt hat mir die Kassiererin doch tatsächlich zu viel Wechselgeld rausgegeben. Tja, Pech für sie – Glück für mich!

Ich könnte jetzt noch mehr Gedanken-Beispiele anführen. Glaub mir, sie würden nicht schöner werden.

Sünde ist schon was Ekliges: Ich fühle mich unangenehm ertappt. Deshalb rede ich mir das Ganze schön: Gedanken tun ja keinem weh. So schlimm war das doch nicht!

Jesus sieht das Ganze offensichtlich radikal anders, wenn er seinen Zuhörern sagt: „Schon der, der nur zornig auf jemanden ist, wird verurteilt! Wer zu seinem Freund sagt: ‚Du Dummkopf!', den erwartet das Gericht. Und wer jemanden verflucht, dem droht das Feuer der Hölle" (Matthäus 5,22).

Oha. Nach der Definition von Jesus bin ich ungefähr zehn Minuten nach dem Aufstehen aus dem Rennen raus. Denn da habe ich bereits das erste Mal am Tag versagt. Weil Jesus selbst unser Maßstab ist, wird mir eines ganz schnell klar: Ohne Gottes Hilfe wird das nichts. Das ist ein Gedanke, der mir so gar nicht gefällt – ich bin echt nicht gerne abhängig von jemand anderem. Am liebsten würde ich das mit dem sündlosen Leben ja selbst hinbekommen.

Doch Gott hat uns eine klare Info gegeben, und die heißt: „Das schaffst du nicht allein!" Und durch den Tod und die Auferstehung von Jesus hat er ein für alle Mal deutlich gemacht: „Du musst es auch nicht schaffen. Jesus hat es bereits für dich erfüllt!" Ich finde, gerade darin liegt für uns die unendliche Liebe Gottes.

Nun ist der Teufel aber ziemlich listig. Du hast gesündigt, du weißt das, und er redet dir seine Lügen ein: *Du bist es gar nicht wert, zu Jesus zurückzukommen. Jesus hat zwar gesagt, dass er keinen abweist, der zu ihm kommt, aber er hat nicht gesagt, wie man zu ihm kommt. Der Weg für dich ist viel zu weit.* Oder er macht dir weis: *Ach, war doch nicht so schlimm. Das macht doch jeder. Dafür brauchst du dich doch nicht bei Gott zu entschuldigen.*

Diese und andere Lügen-Gedanken lähmen uns und wir werden immer verzweifelter – oder immer gleichgültiger. Doch es gibt eine Wahrheit, und die bringt die ehemalige Rockband Petra in ihrem Lied „Just reach out" wunderbar auf den Punkt:

> *You say you walked 10.000 steps away,*
> *but don't you know that it's only one step back?*

Wenn du sagst, dass du dich 10.000 Schritte von Gott entfernt hast, so brauchst du dich nur umzudrehen, dann ist er wieder direkt vor dir. Du kannst gar nicht so weit von ihm weglaufen, dass seine Gnade dich nicht wieder zurückholen könnte! Jesus ist der Herr über die Sünde und den Tod. Er will dich und mich erlösen. Er will uns freimachen von Gedanken, Worten und Taten, die uns im Grunde sehr unfrei machen. Die uns und anderen schaden. Und Jesus sehnt sich danach, dass wir ihm immer ähnlicher werden.

Ich möchte meine Arme immer wieder nach ihm ausstrecken. Denn ich weiß: Er wartet schon liebevoll auf mich – auch wenn ich grad was vergeigt habe.

CHALLENGE

Vielleicht fragst du dich jetzt: Was meint der überhaupt mit Sünde? Wenn das so ist, dann besteht die Challenge für dich heute aus zwei Teilen:

☐ Gib mal das Wort „Sünde" im Bibleserver oder in deiner Bibel-App ein. Wie definiert die Bibel Sünde? Sprich auch mit anderen in deinem Jugendkreis und deinem Jugendleiter mal darüber, wie man „Sünde" definieren kann.

☐ Solltest du in deinem Leben immer wieder über gewisse Sünden stolpern, dann ermutige ich dich sehr, dich jemandem anzuvertrauen. Ich weiß, das kostet mitunter viel Mut. Doch es kann dir helfen, die Wurzel deines Problems zu erkennen und mit Gottes Hilfe da ranzugehen.

Christian

29 GEMEINSAM – WENIGER ALLEIN

*Auf einen Freund kann man sich immer verlassen,
und ein Bruder ist dazu da, dass man einen Helfer
in der Not hat.*

Sprüche 17,17

Ohne Freunde macht das Leben sehr wenig Spaß, finde ich. Ich kenne Zeiten in meinem Leben, in denen ich mich ziemlich allein fühlte. Manchmal war ich ein Teil einer Dreier-Mädelsclique, und da passierte es manchmal, dass sich plötzlich die beiden anderen besser verstanden – und ich mich etwas „außen vor" fühlte. Manchmal war es auch andersrum: dass ich mit einem der beiden enger war und die dritte Person sich dann wie das fünfte Rad am Wagen vorkam...

Aber so ist das nun mal: Es gibt Zeiten in unseren Freundschaften, in denen alles sehr entspannt läuft, und dann wiederum Phasen, in denen es ruckelt – zum Beispiel empfand ich plötzlich die Gespräche mit einer Freundin als immer belastender. Ich versuchte, sie in ihrer schweren Zeit zu ermutigen, aber die Treffen mit ihr zogen mich irgendwann selbst immer mehr runter.

In Zeiten, in denen ich mich sehr allein fühlte, habe ich viel Klavier gespielt. Das war mein Weg, mit der Traurigkeit und mit den vielen Gefühlen in mir umzugehen. Es tat mir sehr gut, durch Musik und auch in der Verbindung mit Gott meine Emotionen loszulassen.

Inzwischen bin ich viele Jahre älter und damit auch um viele Freundschaften reicher. Wenn ich zurückblicke, dann erkenne ich: Viele meiner Freundschaften bestanden nur wenige Jahre, andere hatten eine sehr viel längere „Lebensdauer". Einige Freundschaften sind mit den Jahren „im Sande" verlaufen, weil wir uns aus den Augen verloren oder uns auseinanderentwickelt haben. Andere Freundschaften haben sich im Laufe der Zeit grundlegend verändert. Zum Beispiel waren Christian und ich mit einem Paar seit einiger Zeit so richtig gut befreundet. Dann entwickelte sich auch zwischen mir und der Freundin eine enge Frauenfreundschaft. Ein echtes Geschenk!

So unterschiedlich die verschiedenen Beziehungen in meinem Leben auch waren und sind – ich bin sehr dankbar für all die schönen und wertvollen Freundschaften, die ich schon erleben durfte.

Natürlich war es manchmal sehr schmerzhaft – weil Abschiede und Endpunkte eben nicht immer leicht sind. Aber mit der Zeit habe ich begriffen, dass auch dies zum Leben dazu gehört. Es ist eine Tatsache, dass nicht jede Freundschaft viele Jahre bestehen wird, und ja, das ist auch in Ordnung so. Dafür entwickeln sich neue Freundschaften – es treten neue Menschen in mein Leben, die ich genieße und mit denen ich Zeit verbringen darf.

Eine Sache, die mir mit der Zeit total wichtig geworden ist – und vielleicht hilft dir das in deinen Freundschaften auch: Such dir nicht den „perfekten Freund" oder die „perfekte Freundin", so nach dem Motto: *Er muss auf jeden Fall dasselbe Hobby haben oder dieselbe Musik mögen.* Manchmal sind gerade die Menschen sehr wertvoll, die anders sind als du. Nimm das Aussehen und den Musikgeschmack nicht so wichtig und schau vor allem auf das Herz des anderen. Frage dich: Begeistert mich dieser Mensch? Interessiert er mich? Will ich mehr über ihn erfahren? Genieße ich es, Zeit mit ihm bzw. ihr zu verbringen? Dann öffne dich für diesen Menschen und lern ihn kennen. Sei offen für Freundschaften, die Gott dir schenken will. Bitte ihn darum, dir gute Freunde zu schenken, und danke ihm für die Freundschaften, die du schon hast.

Und hier noch eine „goldene Regel": Sei dem anderen ein Freund bzw. eine Freundin, so wie du es dir für dich selbst wünschst. Steh ihm oder ihr in Problemen zur Seite, unterstütze den anderen in schweren Zeiten, nimm dir Zeit für ihn, hör zu, beschenke, ermutige ihn, bring ihm oder ihr Wertschätzung entgegen. Alles, was du in eine Freundschaft investierst, wird Frucht bringen und aufblühen. Es lohnt sich, mit dem Herzen in Freundschaften zu investieren!

Übrigens, auch die Bibel verrät uns einiges über gute Freundschaften. Beispielsweise können wir jede Menge von David und Jonathan lernen, die eine richtig gute Männerfreundschaft geführt haben. Du kannst ihre Geschichte im ersten Samuel-Buch, Kapitel 18 bis 23, nachlesen. Aber auch in anderen Büchern der Bibel steht einiges darüber, wie du gute Freundschaften leben kannst: in Sprüche 16,28 oder 17,9 beispielsweise. In Prediger 4,9–12 oder auch in 1. Korinther 12,33. (Vielleicht hast du ja Lust, mal auf Entdeckungsreise zu gehen?)

„Auf einen Freund kann man sich immer verlassen, und ein Bruder ist dazu da, dass man einen Helfer in der Not hat." Ich mag diesen Vers total, weil er einfach die Stärke einer Freundschaft zeigt. Auf einen Freund sollte man sich immer verlassen können. Klar, das geht nicht immer und in jedem Fall, weil jeder gute Freund auch nur ein Mensch ist. Manchmal kann er nicht das geben, was man sich wünscht. Vielleicht hat er gerade viel um die Ohren, während man gerade jemanden zum Reden braucht. Vielleicht ist er gerade verreist und kann nicht einfach mal kurz zum Reden rüberkommen. Auch der beste Freund, die beste Freundin, ist unvollkommen und begrenzt. Dennoch – so weit, wie es menschlich möglich ist, sollte auf Freunde Verlass sein. Wie ist das bei dir? Bist du ein guter Freund?

CHALLENGE

Schreib dir doch mal alle deine aktuellen Freundschaften auf – und daneben eine Zahl zwischen 0 und 10, wie du die Freundschaft momentan einschätzt. 0 ist sehr schlecht – 10 ist supergut. Dann überleg dir, in welche Freundschaft du diese Woche besonders investieren willst. Such dir eine Sache aus, die deiner Freundschaft guttun würde. Vielleicht ein gemeinsames Treffen? Ein lieber Gruß? Eine kleine Aufmerksamkeit? Ein konkretes Angebot zur Unterstützung? Sei kreativ!

Nelli

30 DOPPELZIMMER

*Ein Mann wird seinen Vater und seine Mutter
verlassen und sich an seine Frau binden,
und die beiden werden eine Einheit werden.*

1. Mose 2,24

Heute geht es um die Frage aller Fragen: „Darf ich mit meiner Freundin vor der Ehe Sex haben oder nicht?"

Meine kurze Antwort darauf ist: „Gott hat sich den Sex für die Ehe-Gemeinschaft ausgedacht."

Für den Fall, dass du schon mit deiner Freundin bzw. deinem Freund geschlafen hast, bitte ich dich trotzdem, unbedingt dranzubleiben. Ich möchte dich nicht verurteilen, sondern gemeinsam mit dir schauen, wie Gott sich diese „schönste Nebensache der Welt" für uns Menschen vorgestellt hat.

Seinen Plan finden wir bereits im zweiten Kapitel der Bibel. Demnach soll der Mann in einem ersten Schritt seine Eltern verlassen – das bedeutet, sich im gesunden Maß von ihnen trennen. Er soll selbst die Entscheidungen für sein Leben treffen, sich selbst finanziell versorgen können und eigenständig sein. Das ist ein erster wichtiger Punkt für uns

Männer – und der gilt natürlich auch für die Frauen. Gott fordert uns auf, Verantwortung zu übernehmen. Okay, ich gebe zu, dass ich bis zur Hochzeit noch bei meinen Eltern gewohnt habe. Ja, meine Mama hat noch meine Wäsche gemacht und es gab auch immer etwas Gesundes zu essen. Ich war trotzdem bereits finanziell unabhängig und traf eigene Entscheidungen, sowohl im Beruf als auch privat.

Nun geht es weiter damit, dass der Mann sich an seine zukünftige Frau bindet. Sie heiraten und werden durch die sexuelle Verbindung „ein Fleisch". Ich kann mir nicht vorstellen, dass es etwas Intimeres gibt, als „ein Fleisch" zu werden. Sex ist etwas unglaublich Schönes und Verbindendes. Es hat sogar die Kraft, neues Leben zu schaffen. Da in dieser Verbindung eine solche kreative und dynamische Kraft steckt, hat Gott sich dafür eine feste „Schutzmauer" ausgedacht – die Ehe. Ich habe da erst kürzlich einen coolen Vergleich gehört, der hier gut passt:

Feuer hat zwei Seiten: Es kann dich wärmen und verbrennen. Nun klingt es erst mal nicht nach einer guten Idee, in einem Haus ein Feuer anzuzünden. Trotzdem machen das Millionen von Menschen auf der Welt täglich, und zwar im geschützten Rahmen des Ofens. Dort ist Feuer etwas Wunderbares. Es wärmt dich, du kannst darauf Essen kochen und dich an dem Spiel der Flammen erfreuen. Wenn du nun den gleichen Holzhaufen aber nicht im Kamin, sondern auf dem Teppich entzündest, brennt dein Haus ab.

Die Ehe ist der schützende Raum für das Feuer der Sexualität. Im richtigen Rahmen strahlt sie Liebe und Geborgenheit aus. Ohne diesen sicheren Raum macht sie jedoch viel kaputt.

Jetzt hast du vielleicht schon mit deiner Freundin bzw. deinem Freund Sex gehabt. Die Freundschaft ist vielleicht sogar wieder in die Brüche gegangen. Ich habe großes Mitgefühl für dich. Sicher hast du dann schon erfahren, welchen Schmerz es verursacht, wenn man so intim miteinander geworden ist – und die Beziehung dann nicht hält. Aber Gott vergibt dir gerne deine Fehler und nimmt dich liebevoll in den Arm. Er will deine Wunden heilen. Denn er hat zugesagt, dass er die heilt, die ein zerbrochenes Herz haben (siehe Psalm 147,3–4).

Nun fragst du dich vielleicht, wie du mit deiner Freundin/ deinem Freund auf eine gute Art und Weise eure Beziehung gestalten kannst.

Ich habe selbst schon festgestellt, dass die körperliche Anziehung zwischen Mann und Frau ziemlich heftig sein kann. Ich vergleich das gerne mit zwei Magneten: Mit ausreichendem Abstand geschieht nichts. Je näher man sie allerdings aneinanderführt, desto mehr Kraft muss man aufbringen, damit sie nicht zusammenklatschen. Ich kann dir an dieser Stelle leider keine Antwort darauf geben, wie viel Nähe am Ende für dich noch funktionieren wird – ohne miteinander im Bett zu landen. Ich habe allerdings mal einen ziemlich smarten Satz gehört: „Mach dir vorher Gedanken, wie weit du gehen möchtest."

Ich glaube, das kann wirklich eine gute Hilfe sein. Rede mit deiner Freundin/deinem Freund ganz offen über das Thema. Es ist keine gute Idee, die Sache einfach laufen zu lassen. Denn das endet garantiert wie bei den zwei Magneten. Sprecht darüber, wie ihr mit eurer Sexualität umgehen wollt. Ihr übernehmt als Pärchen echt Verantwortung füreinander. Ihr vertraut euch gegenseitig euer Herz an, und das ist etwas Großes, Kostbares. Deshalb finde ich den Rat aus dem Buch der Sprüche ziemlich wertvoll: „Vor allem aber behüte dein Herz, denn dein Herz beeinflusst dein ganzes Leben" (Sprüche 4,23; NL).

Nun hast du in einer Beziehung nicht nur für dein eigenes

Herz, sondern auch für das Herz deines Partners Verantwortung übernommen. Deshalb: Geht liebevoll mit euren Herzen um. Es ist eine große Ehre, solch eine Kostbarkeit anvertraut zu bekommen. Ich wünsche euch Gottes Segen und Weisheit auf eurer gemeinsamen Reise!

CHALLENGE

Single: Single sein hat an dieser Stelle echt mal einen Vorteil. Du kannst erst mal chillen und das Thema dann angehen, wenn Gott dir deine Traumfrau bzw. deinen Traummann über den Weg geschickt hat. 😉

Beziehung: Sprich ehrlich mit deinem Partner über das Thema. Tauscht euch über eure Wünsche aus und darüber, wie ihr miteinander umgehen wollt. Das ist unglaublich wichtig. Je früher ihr darin wachst, umso mehr werdet ihr später in der Ehe davon profitieren.

Getrennt: Wirf dich Gott in die Arme, er will deine Wunden heilen. Suche Liebe und Verständnis bei ihm, nicht in einer nächsten Beziehung. Lass dich stärken und dir Selbstvertrauen von deinem liebevollen himmlischen Papa schenken. Er kann das am besten, und er stillt deine Bedürfnisse. Lies zur Ermutigung auf jeden Fall mal in Lukas 4,18–19, was Jesus über sich selbst sagt.

Christian

31 MEDIKIT

*Jesus spuckte auf die Erde, vermischte den Lehm
mit seinem Speichel zu einem Brei und strich ihn
dem Blinden auf die Augen. Daraufhin sagte er zu
ihm: „Geh und wasch dich im Teich Siloah." Siloah
bedeutet: Gesandter. Da ging der Mann und wusch
sich und kam sehend zurück!*

Johannes 9,6–7

In den Evangelien hören wir an vielen Stellen von Heilungen. Jesus ist ein echt krasser Heiler. Seine Methoden sind definitiv unorthodox. Nehmen wir zum Beispiel mal die Heilung eines Blinden. Er nimmt Dreck vom Boden, spuckt hinein und macht einen Brei daraus. Diesen Brei streicht er dem Blinden dann auf die Augen. Danach fordert er ihn auf, sich die Augen an einem Teich zu waschen. Also, ich würde nicht empfehlen, das nachzumachen ... Aber Jesus hat diese seltsame Sache getan, und ein Blinder konnte danach tatsächlich wieder sehen!

Ich denke, Jesus hat hier diese seltsame Heilungsmethode gewählt, um zu zeigen, dass er kein Arzt im weltlichen Sinne ist. Er greift nicht auf irgendwelche Naturheilmethoden zurück, auf Medikamente oder das neueste medizinische Gerät. Seine Heilungen gründen nicht auf geschickten ärztlichen Handgriffen und Ratschlägen, sondern haben ihren Ursprung in seiner einzigartigen Verbindung zu Gott – Jesus ist Gottes Sohn, und von ihm kommen die Kraft und die Macht, Wunder zu tun.

Jesus heilt nicht, um Geld zu verdienen, Anerkennung zu bekommen oder eine neue Heilmethode zu etablieren. Er heilt aus der Kraft seines himmlischen Vaters. Jesus bringt Dinge wieder in Ordnung, die zerbrochen sind. Er macht den Blinden sehend, den Lahmen lässt er gehen und sogar Tote weckt er auf – alles aus der Kraft Gottes.

Ich habe bisher kein Heilungswunder in dem Sinne erlebt, wie wir es in vielen Bibelstellen lesen können. Trotzdem erlebe auch ich Gottes wunderbare Heilung: Mein Leben steckte voller Ängste, Traurigkeit und Kraftlosigkeit. Ich ging mit meinem schweren Rucksack durchs Leben und rutschte immer weiter ab. Für mich besteht das Wunder darin, dass Jesus die ganze Zeit mit mir gelitten hat. An einem gewissen Punkt hat er dann ganz deutlich zu mir gesprochen. Mit der Diagnose „Depression" begann mein Heilungsweg. Jesus liebt mich so sehr, dass er mein Leid nicht weiter mit ansehen konnte. Er liebt mich so sehr, dass er mich immer nur so weit und so tief führte, wie es unbedingt nötig war – um mich dann hochzuheben und von all dem Mist zu befreien. So erlebe ich seine wunderbare Heilung aktuell.

Ich möchte dir damit Mut machen: Gott hat ganz unterschiedliche Wege, wie er heilt. Er kann dazu Ärzte gebrauchen und Medikamente. Ich glaube fest daran, dass er auch heute noch so heilt, wie in den Evangelien geschrieben steht. Ich glaube allerdings auch, dass wir ihm nicht vorschreiben sollten, wie er heilen soll. Gott hätte mir meine Erkrankung auch einfach so wegnehmen können. Aber er hat sich entschieden, es anders tun. Ich vertraue ihm von ganzem Herzen, dass er es gut mit mir meint.

Das erinnert mich an den Apostel Paulus, den auch eine Sache ziemlich quälte. Vielleicht war es eine Krankheit, wir wissen es nicht genau. Jedenfalls bat er Gott darum, ihm diese Last zu nehmen. Doch Gott antwortete ihm: „Meine Gnade ist alles, was du brauchst. Meine Kraft zeigt sich in deiner Schwäche."

Früher klang dieser Satz für mich wie ein Trostpflaster. So nach dem Motto: Ich musste mich halt mit dem zufriedengeben, was Gott mir gibt. Erst vor Kurzem wurde mir klar, was das wirklich bedeutet: Die erste Priorität liegt darauf, dass wir Jesus in unserem Leben haben und ihn immer wieder zu uns einladen. Natürlich sieht Gott unsere Krankheiten, unsere Verletzungen und Probleme. Er nennt sie nicht gut. Manchem von uns nimmt er die Lasten auch physisch weg. Gott sieht allerdings nicht nur unseren Körper, er hat uns nämlich als *ganzen* Menschen im Blick. Sein tiefster Wunsch ist es, dass unsere Seele heil wird. Ich lerne dieses Geschenk immer mehr zu schätzen. Je mehr mein Herz gesund wird, desto mehr kann ich Jesus vertrauen. Je mehr ich ihm vertraue, desto eher kann ich auch gelassen auf die Dinge schauen, die noch nicht „gut" sind. Ich bringe sie im Vertrauen zu ihm, dass er heilen kann. Und ich bitte ihn dann wie ein kleines Kind und werfe mich vertrauensvoll in seine Arme.

CHALLENGE

Ich freue mich, wenn aus dieser Andacht für dich keine persönliche Challenge entsteht. Du bist dann gerade gesund und munter. Sollte das der Fall sein, dann finde ich es total wertvoll, wenn du anfängst, für Menschen zu beten, die gerade krank sind. Sag ihnen, dass du für sie betest. Das ist oft eine große Ermutigung für Kranke. Falls du selbst gerade Heilung brauchst, dann komm mutig zu Gott und bitte ihn darum. Nimm dir gerne einen guten Freund zur Seite, der mit dir betet. Jesus wohnt in dir. Er leidet mit dir und er wird dir auf seine wunderbare Weise helfen!

Christian

32 WORTE HABEN MACHT

Wer unüberlegt redet, der verletzt andere,
die Worte der Weisen aber sind wie Balsam.

Sprüche 12,18

„Nilpferd, Nilpferd!" Diese Worte warf mir ein Junge zu, als ich ungefähr 14 Jahre alt war und gerade Zeitungen austragen ging. Ich war eigentlich noch nie so superschlank, jedoch auch nie mega-übergewichtig. Doch mein Selbstbewusstsein war damals nicht das beste – ich war eher ein wenig unsicher und schüchtern, und so fielen diese Worte direkt in mein Herz. Sie taten auch Jahre später noch weh. Solange, bis ich sie eines Tages bewusst bei Jesus losließ und bei ihm die Kraft bekam, diesem Jungen zu vergeben.

Diese Worte hatte der Junge sicher nur so dahingesagt; vermutlich war es einfach nur ein „dummer Scherz" von ihm gewesen. Aber in mir verursachten sie einen großen Schaden.

Worte haben Macht: Sie können Gutes bewirken und sie können Schaden anrichten. Ermutigende Worte können Menschen stärker machen und sie aufblühen lassen. Das ist so wunderbar! Was würde passieren, wenn wir viel mehr gute, heilsame Worte aussprechen würden? Wenn wir Menschen viel mehr Ermutigung und Wertschätzung entgegenbringen würden, als wir das bisher getan haben? Ich bin mir sicher, dass solche Segensworte nicht nur mal kurz ein Lächeln auf die Gesichter zaubern, sondern womöglich für längere Zeit (oder für immer) einen Platz im Herzen bekommen würden ...

Worte können aber auch verletzen und Wunden verursachen, die nicht so leicht zu heilen sind. Durch Worte können Menschen kleingemacht werden, unsicher, ängstlich. Sie können Vertrauen kaputt machen und Beziehungen zerstören.

Stell dir vor, du hörst Tag für Tag Botschaften wie: *Stell dich nicht so an! Du kannst nichts. Du bist eine Versagerin. Du kriegst nichts auf die Reihe!* Irgendwann, wenn man solche Sätze viele Male gehört hat, glaubt man ihnen. Sie verankern sich als „Glaubenssätze" im eigenen Leben und richten langfristig großen seelischen Schaden an. Diese negativen Botschaften irgendwann als Lügen zu entlarven und durch die Wahrheit zu ersetzen, ist ein langwieriger Prozess und kostet sehr viel Kraft.

Ich finde, der Anfangsbibelvers trifft wirklich den Kern: Wer ständig Worte sagt, ohne weiter darüber nachzudenken, der verletzt andere. Er bemerkt mit Sicherheit gar nicht den Gesichtsausdruck seines Gegenübers, und was seine Worte möglicherweise mit dem anderen machen. Denn er redet und redet einfach weiter ...

Es ist wichtig, dass wir begreifen: Worte haben immer eine Wirkung. Das, was wir sagen, hat einen Einfluss: auf andere, aber auch auf unser eigenes Leben. Wo kannst du in dieser Woche Segensreiches und Ermutigendes sagen?

CHALLENGE

Überlege doch mal, welche Worte in deinem Leben negative Spuren hinterlassen haben und von wem sie gesprochen worden sind. Schreibe sie dir auf und bringe sie zu Jesus, der sie dir abnehmen und dich an dieser Stelle heilen will. Bitte ihn um Heilung. Genauso darfst du ihn aber auch fragen, wo du selbst negative Worte ins Leben anderer gesprochen hast. Bitte Gott um Vergebung und um die Kraft, auch bei den Menschen um Vergebung zu bitten.

Es tut gut, wenn Verletzungen heilen können. Trau dich!

Nelli

33 MARATHON

*Ich habe den guten Kampf gekämpft, den Lauf
vollendet und bin im Glauben treu geblieben.
Nun erwartet mich der Preis – der Siegeskranz
der Gerechtigkeit, den der Herr mir am großen
Tag seiner Wiederkehr geben wird. Doch diesen
Preis gibt er nicht nur mir, sondern allen, die
seine Rückkehr herbeisehnen.*

2. Timotheus 4,7–8

Paulus vergleicht hier den Glauben mit einem Lauf. Das Bild
klingt auch recht einleuchtend. Wir sagen ja gerne, dass wir
mit Jesus unterwegs sind. Der längste Lauf, den ich bisher
gemacht habe, war ein Marathon. Die ersten zwanzig Kilometer fühlten sich an, als ob ich noch gar nicht losgelau-
fen sei. Das war alles total entspannt, und ich fragte mich
schon, warum die Leute so ehrfürchtig von einem Marathon sprechen. Aber dann traf mich Kilometer 32 mit voller Wucht. Mir wurde plötzlich so richtig schlecht. Meine
Beine fühlten sich an wie Blei, und ich hatte Schmerzen,
wie ich sie aus dem Training nicht kannte. Auf den folgen-
den Kilometern meldete sich mein Gehirn: „Warum machst

du denn so etwas Schwachsinniges? Du bist dafür einfach nicht gebaut!" Ich wurde mutlos, und ich muss zugeben, dass ich wenige Kilometer vor dem Ziel anfing, nur noch zu gehen ... Erst, als mich eine Zeitflagge überholte, wurden in mir bis dahin ungekannte Kräfte frei, und ich flog, getragen von Endorphinen, über den Asphalt, um die 42,195 Kilometer zu beenden.

Warum erzähle ich dir das so genau? Weil dieser Lauf für mich lange ein sehr schlechtes Bild für mein Leben mit Jesus war. Ich wollte es allein schaffen. Ich hatte mich vor dem Marathonlauf nicht viel über das Training und die Schwierigkeiten während eines Marathonlaufs informiert. Für mich war mit dem Signalwort „Lauf" das Stichwort „Leistung" verknüpft. *Ich* musste es tun. Es war *meine* Aufgabe, zum Ziel zu gelangen. *Ich* musste trainieren, mich gut vorbereiten, *ich* musste lernen, meinen Körper zu kontrollieren, um am Ende siegreich zu sein. Mein Problem dabei war: Ich tat auch in meinem Glaubensleben alles aus eigener Kraft, ich verließ mich nicht mehr auf Gott. In meinem Leben gab es immer wieder solche Kilometer-32-Momente: „Halt durch!" Und meinen Zweifeln entgegnete ich nur: „Du schaffst das schon, du musst einfach nur weiterglauben!"

Solch ein „Selfmade"-Glaube ist gefährlich. Der führt ganz sicher am Ziel vorbei. Du und ich werden es mit Parolen, netten Floskeln und genug Bibelwissen nicht schaffen. Niemals. Dafür ist der Lauf viel zu lang. Die Verse von Paulus bekamen für mich eine krasse neue Bedeutung, als ich ihn mit einem anderen Gedanken von ihm verknüpfte: „Ich lebe, aber nicht mehr ich selbst, sondern Christus lebt in mir" (Galater 2,20; NL).

Darin liegt das Geheimnis. Wenn wir uns entscheiden, in den Lauf des Glaubens einzutreten, dann sollten wir es nicht allein tun. Jesus weiß, dass diese Aufgabe zu groß für uns ist. Es ist ja nicht wie bei einem Marathon: Da sperrt die Polizei die Straßen ab, und man kann gar nicht falsch abbiegen. In meinem Leben gibt es diese Markierungen leider nicht. Wenn ich Jesus aber frage, was er von mir möchte, dann leitet er mich gern. Er führt mich sicher auf Wegen, die ich mir wahrscheinlich so nicht ausgesucht hätte, die aber für mich vollkommen gut sind.

Die Realität ist, dass wir auch mit Jesus an unserer Seite weiterhin Kilometer-32-Momente erleben werden. Er sagt uns aber fest zu, dass er uns da durchtragen wird. Wenn du auf Gott vertraust, dann wird er das auch tun. Dir werden deine Beine zwar vielleicht immer noch wehtun, aber er trägt dich vorwärts – und du kannst dich bei ihm ausruhen.

Es klingt natürlich schon nach ziemlichem Kontrollverlust. Jesus gibt jetzt das Ziel vor, nicht mehr ich. Es ist in Ordnung, wenn dir dieser Gedanke Angst macht. Wenn das der Fall ist, lade ich dich ein, Jesus mit deinen eigenen Worten zu beschreiben. Ist das jemand, dem du dein Leben anvertrauen würdest, oder nicht? Wenn das nicht der Fall ist, dann geh einen Schritt weiter und tausche dich mit deinem Jugendleiter oder einem anderen Christen aus, dem du vertraust. Da warten noch richtig coole Entdeckungen auf dich!

CHALLENGE

Der letzte Absatz war jetzt auch schon die halbe Challenge. Geh heute mal an die frische Luft und denke während des Joggens oder Spazierengehens über den Lauf des Lebens mit Jesus nach.

PS: Wenn man sich bewegt, kommt man dabei oft auch gedanklich schneller ans Ziel! Und: Es gibt kein schlechtes Wetter, nur schlechte Kleidung. Also, keine Ausreden! 😉

Christian

34 ID-CHECK

Als Jesus die Straße entlangging, sah er Matthäus
in seiner Zollstation sitzen. „Komm mit und folge
mir nach", sagte er zu ihm. Und Matthäus stand
auf und folgte ihm nach.

Matthäus 9,9

Vor einigen Jahren beobachtete ich unter Jugendlichen einen Trend: Immer mehr Leute zückten plötzlich ein iPhone, wenn es darum ging, (im besten Fall!) eine Bibelstelle nachzuschlagen. Offenbar war plötzlich klar, dass jeder so ein iPhone 42 haben musste. (Keine Sorge, du hast nichts verpasst, so weit sind die noch nicht mit ihrer Versionsnummer.) Ich machte mir damals nicht so wirklich Gedanken über diesen neuesten Trend, aber mit Abstand betrachtet finde ich das alles ziemlich uncool. Ich bin mir sicher, dass mir meine Eltern niemals so ein teures Ding gekauft hätten (wenn es damals schon iPhones gegeben hätte). Klar, damit wäre ich dann aber sofort in der #WishHandy #Fremdschämen-Gruppe gelandet ... In unserer Jugendgruppe habe ich so was jetzt zwar nicht so krass beobachtet, aber ich bin mir absolut sicher, dass das spätestens in der Schule passiert. Ja, es ist leider so: Du bist ganz schnell raus, wenn du das falsche Handy, die falschen Labels auf deiner Kleidung oder die falsche Meinung hast. Das tut richtig weh. Denn es ist ja ein absolutes Grundbedürfnis, sich angenommen und wertgeschätzt zu fühlen. Vielleicht gehörst du zu denen, die meistens am Rand stehen, über die man sich lustig macht und mit denen keiner was zu tun haben will.

Ich will dir zuerst einmal sagen: *Du* bist nicht das Problem. Du bist einzigartig und ein wunderbarer Mensch. Ich weiß das, weil Gott dich geschaffen hat, und er macht keine Fehler. Als ich mit 19 Jahren in meine Gemeinde kam, war ich bei den Jungs auch der Außenseiter. Sie waren eine eingeschworene Truppe, und ich passte da irgendwie nicht rein. Ich wurde zwar immer mal wieder eingeladen, doch ich stand trotzdem am Rand. Ich weiß, dass es richtig wehtut, allein unter Menschen zu sein!

Du und ich, wir haben beide einen biblischen Leidensgenossen: Matthäus. Er gehörte zwar zum Volksstamm der Juden, war aber bei seiner Familie und in der Gesellschaft verhasst. Das Problem von Matthäus war, dass er den falschen Arbeitgeber hatte: Er trieb die Steuern für Rom ein, und die Römer wiederum beherrschten und unterdrückten die Juden. Die Römer sahen Leute wie Matthäus trotz ihrer Arbeit für das römische Reich als minderwertige Landbevölkerung an. Ich würde sagen, Matthäus war ein sehr einsamer Mann. Er konnte sich nicht über Freunde und Familie definieren, sondern einzig und allein über Geld und Erfolg. Was ist aber schon Erfolg, wenn man ihn mit niemandem teilen kann?

Matthäus saß in einem goldenen Käfig, den er sich selbst gebaut hatte. (Während ich das hier schreibe, habe ich die Serie „The Chosen" im Hinterkopf, die in der Matthäus Situation echt gut dargestellt wird. Wenn du mal eine Hammer-Serie bingen willst, kann ich diese nur empfehlen. Du brauchst noch nicht mal ein schlechtes Gewissen danach zu haben, da du quasi ganz automatisch dabei Zeit mit Gott hast ... 😉)

Matthäus saß also, wie jeden Tag, in seinem Zollhaus und kassierte die Menschen ab. Dann kam plötzlich Jesus zu ihm und forderte ihn auf: „Komm mit mir! Folge mir nach!" In genau dem Moment, wo Matthäus diese Einladung annimmt und aufsteht, ist sein Leben verändert. Die Meinung der Menschen definiert nicht mehr seinen Wert. Gott befreit ihn aus dem System. Plötzlich ist er nicht mehr der Ausgestoßene und Ungeliebte, sondern – ein Kind Gottes. Sein Leben lief bis dahin klar in eine Richtung, doch jetzt ist alles anders.

Wenn du Jesus Christus' Einladung an dich annimmst, dann gilt das auch für dich. Er heilt dich von der Macht der abwertenden Sätze, die andere (und du selbst) über dich gesprochen haben. Da ist so viel Hoffnung für dich und mich, wenn wir unseren Wert nicht mehr von dem definieren lassen, was wir haben, können und was andere von uns sagen.

Das heißt nicht, dass diese Heilung gleich von heute auf morgen geschieht, oder dass der Weg einfach ist, den du gehen musst. Gott schenkte mir damals Freunde, aber nicht dort, wo ich danach gesucht hatte. Er ließ mich nicht alleine – und das wird er auch bei dir nicht tun! Er gab dem Leben von Matthäus eine Wende, wie er sich das nie hätte vorstellen können. Ich glaube, dass er das auch in deinem Leben tun kann und möchte.

CHALLENGE

Für die heutige Challenge brauchst du Papier und Stift (ein Smartphone geht auch). Schreib mal all die Sätze auf, die Menschen über dich gesagt haben – Sätze, die sich dir tief eingebrannt haben. Die du heute noch förmlich „hören" kannst. Schreib sowohl das Gute als auch das Schlechte auf. Geh die Liste zum Abschluss noch einmal durch und lies dann die Zeilen in Epheser 1,3–14, um die Wahrheit über dich zu erfahren.

Christian

35 WORK & TRAVEL

Niemand soll dich gering schätzen, nur weil du jung bist. Sei allen Gläubigen ein Vorbild in dem, was du lehrst, wie du lebst, in der Liebe, im Glauben und in der Reinheit.

1. Timotheus 4,12

An diesem Bibelvers bin ich wahrscheinlich schon über 500-mal vorbeigekommen. Man läuft direkt drauf zu, bevor man unseren Jugendraum betritt. Ich finde, das ist ein absolut zentraler Vers für Leute in deinem Alter, und deshalb ist es mir ein Herzensanliegen, ihn mit dir heute mal etwas zu erforschen ...

Paulus, von dem dieser Satz stammt, war ein erfahrener Christ, der unglaubliche Dinge mit und für Jesus erlebt hat. In seinem zweiten Brief an die Korinther (im Kapitel 11,23–28) zählt er grob auf, was er schon alles hinter sich hat: Gefängnis, Todesgefahr, Folter, Schiffbruch, Raubüberfälle, Anfeindungen und Verfolgung, Hunger und Kälte ... (Ich hoffe, dass Gott mein und dein Leben ein wenig entspannter gestaltet!) Es steht außer Frage, dass Paulus wusste, wovon er sprach. Ich finde es beeindruckend, dass er mit diesen Erfahrungen nicht Pastor einer Mega-Church wurde und sich von anderen für seinen Dienst finanziell absichern ließ. Für ihn war nur wichtig, dass jeder von Jesus erfuhr.

Aus diesem Grund investierte er sich in die nächste Generation. Timotheus, an den Paulus hier schreibt, war wahrscheinlich noch nicht mal 20 Jahre alt. Er begleitete Paulus auf seinen Reisen und lernte, wie man predigt, Gemeinden aufbaut und vieles mehr. Timotheus hatte in seinen jungen Jahren von Paulus nun sogar schon die Verantwortung für eine ganze Gemeinde übertragen bekommen. Stell dir vor: Dein Pastor macht mit dir eine „Intensiv-Bibelschule" und übergibt dir nach einem Jahr die Gemeinde. Krass.

Timotheus nimmt die Aufgabe an und übernimmt die Verantwortung. Sein Lehrer (heute würden wir Mentor sagen) Paulus unterstützt ihn und gibt ihm in Briefen praktische Hinweise für seinen Dienst.

Ich finde dieses Prinzip genial. Ich selbst habe drei Mentoren-Beziehungen: Mein Pastor ist seit vielen Jahren mein Mentor. Von ihm lerne ich geistlich, geistig und praktisch. Er hat mich stark geprägt. Was ich wiederum in meinem Leben und Dienst gelernt habe, gebe ich seit einigen Jahren an zwei Mentees (also an Leute, für die ich der Mentor bin) weiter.

Ich will dich heute ermutigen, den Vers von Paulus zu deinem eigenen zu machen. Du bist nicht zu jung, um von Gott Aufgaben zu übernehmen. Das Alter spielt für Jesus keine Rolle. Weil das so ist, kannst du auch schon früh eine Vorbildrolle für andere übernehmen. Das sagt Paulus ja im zweiten Teil des Verses. Wir sollen ein Vorbild sein „in dem, was wir lehren, wie wir leben, in der Liebe, im Glauben und in der Reinheit."

Paulus war ein Freund der klaren Worte. Ein erster Schritt auf deiner „Reise" ist also, deine Beziehung zu Jesus zu klären. Weißt du im Herzen, dass Jesus dich lieb hat? Hast du ihn auch lieb? Bist du dir bewusst, dass du ohne ihn nichts tun kannst?

Wenn du bei diesen Fragen Frieden in deinem Herzen spürst, dann hast du wirklich gute Voraussetzungen, um mit Jesus in der Gemeinde und in der Welt abzuheben. Mehr braucht es nicht. Schau einfach mal, was dir Freude macht. Da, wo Gott uns Freude schenkt, sind auch oft unsere Gaben versteckt. Wische deine Ideen nicht gleich weg, sondern probiere sie aus – egal, ob es sie schon in deiner Gemeinde gibt oder nicht. Vielleicht im Theater-Team oder als Ordner oder im Anbetungstanz oder im Straßeneinsatz-Team.

Egal, mit welchem Dienst du in der Gemeinde startest: Wahrscheinlich werden es andere erst einmal besser können als du, wenn sie schon länger mitmachen. Aber bring dich mutig ein und überlass die Resultate Gott. Wenn du die Dinge mit einer guten Einstellung im Herzen machst, dann kann man das auch von außen sehen. Vielleicht ist dein erster Versuch auch nicht so erfolgreich, dann gib nicht gleich auf. Gott hat jeden von uns mit tollen Gaben ausgestattet. Bleibe mit ihm im Gespräch, dann kommst du sicher noch auf die richtige Spur.

Noch ein Gedanke zum Schluss: Paulus sagt ja, dass dich niemand wegen deines Alters verachten soll. Das ist absolut richtig, nur solltest du diesen Satz auch nicht missbrauchen, frei nach dem Motto: „Das ist alles blöd, was ihr macht. Ich weiß, wie es besser geht." Sei demütig vor Gott und nicht zu stolz, dich auch erst einmal in bestehende Ordnungen und Strukturen einzufügen. Ja, das ist nicht immer einfach. Aber sei auch nicht zu schüchtern, um deine Ideen und Gedanken einzubringen. Glaub mir: Die Reise, sich selbst und die eigenen Fähigkeiten zu entdecken, ist ultraspannend. Du wirst viel Freude und Erfüllung und auch coole Gemeinschaft erleben! Und auch wenn es mal Enttäuschungen gibt: Gib nicht auf. Bleib dran, Gott wird dich gebrauchen!

CHALLENGE

Es tut so gut, sich mit jemanden über Themen wie Gaben, Dienst, Zweifel und Glaube auszutauschen. Schau dir deshalb deine Gemeinde an und überleg mal, wer für dich zum Mentor werden könnte. Überlege dir, was du dir konkret vorstellst (Themen, Häufigkeit der Treffen, zeitlich begrenzt/unbegrenzt…) und sprich denjenigen an. Das kostet Überwindung, ja, aber kann dich auf deinem Weg mit Jesus richtig nach vorne bringen, herausfordern und stärken!

Christian

36 ENDLICH: DAHEIM

Selig sind, die da geistlich arm sind;
denn ihrer ist das Himmelreich.
Selig sind, die da Leid tragen;
denn sie sollen getröstet werden.

Matthäus 5,3–4

Jesus rettet – du nicht! Ich würde dir diesen Satz heute gerne persönlich zusprechen, weil er meine Glaubensgrundlage geworden ist. Das war bis vor wenigen Monaten noch ganz anders. Ich war ein ziemlich fleißiger Christ. Ich las intensiv in der Bibel, betete und versuchte, vielen Menschen von Jesus zu erzählen. Gleichzeitig waren Nelli und ich tief in der Jugendarbeit drin, und alles drehte sich in unserem Leben um den Dienst für Gott.

Vor etwa eineinhalb Jahren erkrankte ich an einer Depression und war seelisch wie körperlich am Ende. Schon in der Klinik fing ich aber wieder an, anderen von Jesus zu erzählen. Auf meinem Zimmer begann ich die Psalmen abzuschreiben und meine Gebete schriftlich festzuhalten. Jesus war ja der Einzige, der mir jetzt helfen konnte, und deshalb musste ich so viel wie möglich Zeit in diese Beziehung investieren! Ich las, ich betete, ich schrieb und ich hörte noch intensiver als zuvor auf Gott und „arbeitete" für ihn.

In diesem Prozess nahm meine Kraft allerdings immer weiter ab. Im Sommer gaben wir dann den Jugendkreis an gute Nachfolger ab und machten uns auf den Weg in den Urlaub. Eigentlich sollte man sich da ja entspannen, doch ich war so fertig, dass ich es an zwei Tagen noch nicht mal zum Pool der Hotelanlage schaffte. Ich hatte einfach keine Kraft dazu. Du kannst dir vorstellen: Wenn der Weg zum Pool schon zu weit ist, dann schafft man es auch nicht mehr, ein Kapitel aus der Bibel abzuschreiben ...

Ich war am Boden zerstört. Ich war kein Jugendleiter mehr und konnte vor allem meine Beziehung zu Jesus nicht mehr aufrechterhalten. Ich hatte versagt, ja, war vollkommen wertlos. Ich hatte den verloren, den ich nie hatte verlieren wollen: Jesus. Er musste jetzt unglaublich enttäuscht von mir sein. An manchen Tagen war ich mir noch nicht einmal mehr sicher, ob ich am Ende überhaupt von ihm im Himmel aufgenommen werden würde.

Genau in dieser schwierigen Zeit schaute ich die vorletzte Folge der zweiten Staffel der Jesus-Serie „The Chosen" an. Ich will jetzt hier nicht spoilern, aber so viel kann ich verraten: Jesus feilt am Beginn seiner Bergpredigt. Die ganze Nacht denkt er darüber nach. Am nächsten Morgen weckt er den Jünger Matthäus und gibt ihm eine Landkarte. Der fragt ihn ganz verdutzt, was das denn bedeuten solle.

Und Jesus antwortet: „Selig sind, die da geistlich arm sind; denn ihrer ist das Himmelreich. Selig sind, die da Leid tragen; denn sie sollen getröstet werden."

Matthäus schaut Jesus völlig perplex an und fragt ihn: „Was hat das denn mit einer Landkarte zu tun?"

Jesus erklärt: „Wenn Menschen nach mir suchen, dann

sollen sie sich an die geistlich Armen wenden und an die, die leiden. Denn genau bei ihnen werde ich zu finden sein."

Bei dieser Szene kamen mir die Tränen und der Himmel war plötzlich offen! Jesus war genau jetzt, in diesem Moment, bei mir. Ich war kein Versager, und Jesus war ganz sicher nicht enttäuscht von mir. Er stand mit offenen Armen vor mir. Er wollte mir einfach nur Ruhe, Sicherheit und Geborgenheit schenken.

In diesen Momenten lernte ich Jesus noch einmal ganz neu kennen. Nie wieder will ich zurück in mein altes Leben!

Jesus rettet, nicht du. Das ist die wunderbarste Botschaft, die es für uns gibt. Du und ich – wir können uns nicht zu Jesus „hinarbeiten". Selbst wenn wir die Bibel 100-mal abschreiben, 1.000 Menschen zu Jesus führen und 10.000 Stunden unseres Lebens im Gebet verbringen würden, könnten wir uns damit nicht den Himmel verdienen. Der langjährige Evangelist Ulrich Parzany hat es mal so ausgedrückt: „Wenn Jesus nicht zu hundert Prozent für unsere Erlösung verantwortlich wäre, dann gäbe es keine Heilsgewissheit. Wenn ich auch nur 0,01 Prozent dazu beitragen müsste, wäre es schon keine Gewissheit mehr, denn dann könnte ich es ja immer noch vermasseln."

Lass das mal ganz tief in dein Herz sacken. Gott will nicht deine Religiosität. Mit langen Zeiten im Gebet und viel Bibellesen kannst du vielleicht Menschen, nicht aber Gott beeindrucken.

Ich könnte jetzt noch sagen: „Aber natürlich ist es nicht schlecht, wenn man in der Bibel liest, betet und anderen Menschen hilft..." Aber ich verzichte hier ganz bewusst drauf, weil ich (und alle, die wie ich „Macher-Typen" sind) dadurch nur ganz schnell wieder ins eigene Tun kommen. „Macher" wollen sich den Himmel lieber verdienen als sich schenken lassen. Das „Selbermachen" versperrt ihnen aber nur zu leicht den Blick auf das Wesentliche: dass wir von Gott geliebt sind. Bedingungslos. Wir müssen nichts dafür tun.

CHALLENGE

Egal, ob du ein Macher-Typ bist oder nicht: Lass dich in Gottes Arme fallen und ruh dich aus. Mach dir bewusst, dass du nichts für deine Erlösung tun kannst, dass alles schon getan ist. Rede mit Gott, sing ihm ein Loblied, erzähl diese Tatsache jemand anderem – oder tu aus Dankbarkeit einfach mal gar nichts.

Christian

37 BEI GOTT ZU HAUSE SEIN

Wie viele ihn aber aufnahmen, denen gab
er Macht, Gottes Kinder zu werden: denen,
die an seinen Namen glauben.

Johannes 1,12; LU

Als ich kürzlich die Frage „Wo ist mein Zuhause?" in die
Suchleiste meines Browsers eintippte, spuckte er sage und
schreibe 211.000.000 Treffer aus. Ich konnte meinen Augen
nicht trauen. So unglaublich viele Treffer bei dieser Frage?
Das hat mich extrem überrascht. Gleichzeitig zeigte es
mir, dass diese Frage sehr relevant für viele Menschen ist,
und das nicht erst seit den großen Flüchtlingsströmen in
unser Land. Das ist eine der großen Fragen, die sich Menschen schon immer gestellt haben und immer stellen werden. Denn dahinter steckt die Frage nach der eigenen Identität, nach der Zugehörigkeit. Als Kind verleihen uns unsere
Eltern die Identität: Wir gehören zu unseren Eltern. Wir
sind eine Familie. Aber dieses Gefühl von Heimat und Zugehörigkeit wird im Laufe des Lebens immer wieder auf die
Probe gestellt. Nämlich dann, wenn Krisen kommen und
an unserem Lebensfundament rütteln. Hast du auch schon

mal so eine tiefe Krise erlebt? Oder eine Enttäuschung, die dir deinen Boden förmlich unter den Füßen weggerissen hat?

Vielleicht haben sich deine Eltern gerade getrennt und du fragst dich, wohin du eigentlich gehörst; wo dein Zuhause jetzt ist – bei deinem Papa oder deiner Mama? Oder du bist umgezogen, und alles ist plötzlich neu. Wer sind an deinem neuen Wohnort deine neuen Freunde? Wohin gehörst du? Vielleicht hast du auch erlebt, dass tiefe Freundschaften auseinandergegangen sind, und du dir plötzlich sehr einsam vorkommst...

In jedem Menschen steckt die tiefe Sehnsucht im Herzen, ein Zuhause zu haben. Einen Ort, wo man gewollt und geliebt wird und sein darf, so wie man ist – ohne etwas bringen oder leisten zu müssen. Eine solche bedingungslose Liebe ist wohl eher selten zu finden: eine Liebe, die umarmt, auch wenn man gerade versagt hat; die tröstet, wenn man traurig ist; die aufbaut und ermutigt, wenn man gerade an sich selbst verzweifelt. Eine Liebe, die vergibt, wenn man Fehler gemacht hat, und die immer zuhört, wenn man erzählen will...

Diesen Sehnsuchtsort, dieses wahre Zuhause, suchen wir oft bei Menschen. Und ja, natürlich können wir auch von Menschen eine tiefe Liebe erfahren und uns bei ihnen geborgen fühlen. Aber Menschen sind eben nicht immer da und können uns auch enttäuschen. Echte und bedingungslose Liebe – diesen wahren Heimatort – gibt es nur bei Gott selbst.

Gott möchte so gerne dein liebevoller Papa sein. Ihm ist nicht wichtig, ob du gerade den Mega-Erfolg hast oder superschön bist oder voll den tollen Charakter hast. Er liebt mich und dich so, wie wir jetzt gerade sind – grenzenlos und ohne irgendeine Bedingung. Vielleicht haben wir gerade schlechte Gedanken über jemanden. Vielleicht bringen wir nur mittelmäßige Leistungen oder wir haben gerade Streit mit unserer Schwester. Gott liebt uns trotzdem – und gerade dann!

Hast du schon einmal einen jungen Vater beobachtet? Ich bin ja schon zehnmal Tante, und kann es bei meinen Schwagern so toll sehen, wie stolz sie auf ihre Kinder sind und wie sehr sie sie lieben! Mein Schwager liebt seine kleine Tochter, ganz egal, ob sie weint oder gerade gepupst hat. Er ist ihr Vater und superstolz auf die Kleine. Okay, das Pamperswechseln überlässt der eine Schwager dann schon mal gerne meiner Schwester. 😌

So und noch viel, viel mehr liebt Gott dich. Er nimmt dich wahr. Er hört dein Lachen, deine Worte, er versteht deine Gefühle und sieht das, was du tust. Er nimmt deine Fragen ernst, und deine Zweifel lassen ihn nicht kalt. Er kann dich unmöglich mehr lieben, als er es jetzt gerade tut. Seine Liebe zu dir ist wie ein großer Ozean.

In einer Beziehung kann die Liebe zum anderen mit der Zeit wachsen. Aber bei Gott ist das nicht möglich. Seine Liebe zu dir beträgt schon heute hundert Prozent. Mehr geht nicht! Ist es nicht wundervoll zu wissen, dass wir Gottes Kinder sein dürfen und dass wir dadurch wirkliche, tiefe Geborgenheit und Sicherheit erfahren dürfen? Diese Gewissheit gilt dir, jetzt und immer.

Gott möchte unser Vater sein. In Johannes 1,12 steht: „Wie viele ihn aber aufnahmen, denen gab er Macht, Gottes Kinder zu werden: denen, die an seinen Namen glauben."

Jeder Mensch darf ein Kind Gottes sein, auch du, wenn du es noch nicht bist. Du darfst Gott als deinen himmlischen Papa annehmen und ihn um Vergebung deiner Schuld bitten. Damit ziehst du in dein wahres Zuhause ein – und lebst ab sofort bei und mit ihm. Du bekommst eine neue Identi-

tät: Du gehörst zu Gott und er schenkt dir sein großes Ja.
Für immer.

#königskind #unendlichgeliebt

CHALLENGE

Bist du bei Gott zu Hause? Dann danke ihm dafür, dass er
dich bedingungslos liebt und tolle Pläne für dein Leben hat.
Wenn du ihn noch nicht als deinen Papa angenommen hast,
darfst du das gern heute tun. Sprich mit deinem Jugendkreisleiter (oder jemand anderem, der Jesus nachfolgt) und
bitte ihn, dir bei diesem Schritt zu helfen. Wenn du diesen
Schritt jetzt sofort tun willst, kannst du gern folgendes Gebet sprechen:

Gott,
danke, dass du mein Vater im Himmel sein willst.
Danke, dass du mich bedingungslos liebst und mich
annimmst – mit meinen Stärken und Schwächen.
Danke, dass du deinen Sohn Jesus auf diese Welt
geschickt hast, um uns Menschen auf Augenhöhe
zu begegnen. Danke, dass du, Jesus, gestorben und
auferstanden ist, um mir den Weg zu meinem Papa
im Himmel zu zeigen.
Danke, dass du mir vergibst, wo ich mit meinem Leben
andere Dinge angebetet habe als dich. Ich gebe zu:
So oft waren andere Dinge wichtiger für mich. Danke,
dass ich durch deinen Tod am Kreuz nun freigekauft
bin. Jetzt will ich dir mein Leben schenken und dir
nachfolgen. Du sollst der Wichtigste in meinem Leben
sein.

Bitte verändere mich und zeige mir, wo ich neu werden darf. Ich freue mich auf alles, was wir gemeinsam erleben werden. Danke, dass ich bei dir zu Hause sein darf!
Amen.

Nelli

38 #NOFILTER

*Wenn ich den Himmel betrachte und das Werk
deiner Hände sehe – den Mond und die Sterne, die
du an ihren Platz gestellt hast –, wie klein und
unbedeutend ist da der Mensch, und doch denkst
du an ihn und sorgst für ihn! Denn du hast ihn nur
wenig geringer als Gott gemacht und ihn mit Ehre
und Herrlichkeit gekrönt.*

Psalm 8,4–6

Ich sitze gerade da und beobachte einen atemberauben-
den Sonnenuntergang. Man kann die Sonne gar nicht
sehen, aber durch die Wolkenlücken färbt sich der Himmel
orange, rosa und zartblau. Die fast schwarzen Wolken darunter ziehen schnell dahin. Von Minute zu Minute malt
Gott ein neues Bild an den Himmel. Schon jetzt sieht er wieder anders aus, als ich ihn dir eben beschrieben habe ...

Solche Momente sind wunderschön, doch sie gewin-
nen noch einmal eine ganz andere Qualität, wenn man den
Schöpfer all dieser Schönheit kennt.

Ich vergleiche das gerne mit der Kamera-App eines
Handys. Stell dir vor, du hast diesen wunderschönen Son-

nenuntergang aus Versehen mit einem Graufilter belegt. Die Kontraste sind natürlich korrekt dargestellt: Man kann die Wolken und den Himmel klar unterscheiden, aber es fehlt letztendlich doch etwas. Schwarz, Weiß und Grau bilden nicht die ganze Wirklichkeit ab.

Für mich bedeutet der Glaube an Jesus Christus, den Graufilter auszuschalten.

Nun bin ich schon länger mit Jesus unterwegs und habe festgestellt, dass unter anderem auch Stress so ein krasser Graufilter ist. Ich hastete früher von Termin zu Termin und hatte überhaupt keine Augen für den schönen Sonnenuntergang vor meinem Fenster. Als ich mich auf einen Marathon vorbereitete, verbrachte ich viel Zeit in Gottes Schöpfung. Bei all den Kilometern war ich aber so konzentriert auf meine Uhr und die Sorgen, die mich grad beschäftigten, dass ich auch in einer Betonwüste hätte laufen können. Ich merkte gar nicht, an welcher Schönheit ich vorbeiraste!

Erst als ich durch eine Krankheit stark ausgebremst wurde, fing ich an, wieder einen Blick für Gottes Schöpfung zu bekommen. Ich legte den Graufilter der Hast, Eile und Sorge ab. Damit kehrte die Farbe in mein Leben zurück.

Ich sehe heute, was Gott, der Künstler, alles geschaffen hat, und vor allem: dass er es *für mich* geschaffen hat.

Der Glaube eröffnet mir und dir einen ungefilterten Blick auf die Welt. Wir sind in Verbindung mit dem, der das alles geschaffen hat. Wie verrückt ist das denn, wenn du in einen Apfel beißt und weißt: *Gott hat diese Frucht für mich geschaffen, damit ich sie jetzt genießen kann.*?

Ich glaube, dass es gut und wichtig ist, dass wir Gottes Werke bewusst wahrnehmen. Wir machen uns so immer wieder bewusst, dass wir Kinder eines mächtigen Schöpfers sind.

Ich habe angefangen, auf meinem Weg zur Arbeit Gott für seine Kreativität zu loben. Ich merke: Der Himmel sieht jeden Morgen anders aus. Die Bäume und Felder an meiner Lieblingsstelle verändern sich beinahe täglich, und so bekomme ich immer wieder neue Anreize, „Danke" zu sagen. Meine Verbindung zu Jesus hilft mir, den Grauschleier meines Lebens zu entfernen und in Farbe zu sehen.

Ich gehe davon aus, dass Gott keine Fehler macht. Wenn ich also in den Spiegel schaue, dann sehe ich Jesus neben mir. Er schaut mich voller Liebe an und sagt: „Du bist sehr gut."

Ohne Graufilter steht jetzt auch mein ganzes Leben unter einem neuen Vorzeichen. Ich bin kein Spielball der äußeren Umstände mehr. Ich bin Gottes Kind. Das bedeutet, dass er mich beschützt. Er stärkt mich und meint es gut mit mir. Ich bin nicht mehr davon abhängig, dass meine Freunde und Familie alle meine Bedürfnisse erfüllen. Ich glaube an den, der das wirklich als Einziger kann. Er wird mir immer das geben, was ich gerade brauche. Sicher, das wird nicht immer das sein, was ich möchte, aber er gibt mir, was gut für mich ist. Daran glaube ich fest.

Gott macht auch dir diese Zusage. Er möchte dir geben, was wirklich gut für dich ist. Vielleicht geht es dir wie mir und in dem ganzen Alltagsstress hast du den Blick für seine Schönheit verloren. Vielleicht ist das Grau der Sorge, der Eile und der Angst für dich zum Normalzustand geworden. In diesem Fall will ich dir von Herzen zusagen: Gott hat Farbe für dich und dein Leben! Sag ihm, dass dein Leben gerade grau ist und du ihn und seine Schöpfung nicht mehr wahrnehmen kannst. Ich bin mir sicher, er möchte dir helfen. Er ist immerhin der größte Künstler der Welt und möchte, dass du sein Werk genießen kannst.

Ich kenne Künstler, die ich wirklich bewunder,
Doch auf keinem ihrer Bilder geht die Sonne bunter
unter
Als in Wirklichkeit
Aus deiner Hand bin ich
(aus dem Song „Poiema", Könige und Priester)

Diese Liedzeilen begleiten mich beim Schreiben dieser Andacht, und ich möchte sie dir als Ermutigung mitgeben. Gott hat diese Wirklichkeit *für dich* geschaffen. Lass sie dir nicht entgehen. Genieße sie mit allen Sinnen (die dir Gott übrigens auch geschenkt hat 😉)!

CHALLENGE

Geh raus, lauf heute mal eine Runde durch die Natur. Vielleicht hast ja du einen Park, Felder oder einen Wald in deiner Nähe… Schalte zuvor den Graufilter deiner Gedanken aus, und lobe den, der alles so krass bunt und liebevoll für dich geschaffen hat.

Christian

39 TICKETS FÜRS PLANETARIUM

Am Anfang schuf Gott den Himmel und die Erde.

1. Mose 1,1

„Hey, Christian, du bist doch Chemieingenieur. Da kannst du uns doch sicher was über das Thema ‚Glaube und Wissenschaft' erzählen. Damit uns aber nicht langweilig wird, hast du exakt 1.000 Worte."

So ähnlich fühlt es sich für mich gerade an, während ich diese Andacht schreibe ... Recht wenig Platz für ziemlich viel Inhalt, aber gut: Challenge accepted!

Jeder, der irgendwann mal in der Schule vorbeigeschaut hat, wird dort mit dem Thema Evolution konfrontiert. Für viele Menschen ist das zunächst eine annehmbare Theorie. Diese Theorie erklärt die Entstehung der Welt aus Zufall und klammert „Gott" dabei aus. So mancher Christ fragt sich aber schon zu Recht: „Hm, in der Bibel auf Seite eins steht das aber irgendwie komplett anders!?"

Ohne Witz, diese kritische Frage stellte ich in der sechsten Klasse meinem damaligen Biolehrer. Er war recht verdutzt und antwortete mir, dass er ja nicht nur Biologie, sondern auch Religion unterrichte, ich ihm also vertrauen könne.

Ehrlich gesagt stellte mich diese Antwort nicht wirklich zufrieden. Und für lange Zeit danach bekam ich keine zufriedenstellende Antwort.

In meinem Geist rumorte es zusehends, denn in der Oberstufe mit Fachrichtung Chemisch-physikalische Technik lernte ich viel darüber, wie unsere Welt naturwissenschaftlich funktioniert. Je mehr ich lernte, desto mehr Fragezeichen stiegen in mir auf. Der Konflikt zwischen meinem Glauben und der Welt trat immer deutlicher zutage. Es machte mich schier wahnsinnig, dass wir die Welt um uns herum in Gesetze fassen, gleichzeitig aber Gott nicht beweisen und erklären können. Eines Tages wälzte ich mich auf meinem Bett hin und her, da mir diese Frage keinen Frieden ließ. Mir boten sich zwei Möglichkeiten:

Ich konnte meinen Glauben in die Tonne werfen. Damit wäre dieses Problem gelöst. Allerdings erschien mir ein Leben ohne Gott sinnlos. So entschied ich mich dafür, trotz allem an Gottes Existenz zu glauben. Damit war ich aber immer noch nicht weiter als in der 6. Klasse. Erst viele Jahre später empfahl mir ein Freund richtig gute Fachliteratur. Ich spreche hier noch von so echten „Old-School"-Büchern, Facebook und YouTube sind hier nämlich keine verlässlichen Quellen 😉 . Diese Bücher halfen mir dabei, die Daten und Fakten zu einem recht schlüssigen Bild zu verknüpfen ...

Was Wissenschaft kann – und was nicht

Was ist eigentlich die Aufgabe der Wissenschaft? Wir Forscher beschäftigen uns mit Dingen, die wir in der Natur beobachten können. Wir stellen Theorien zu unseren Beobachtungen auf – und versuchen diese zu beweisen oder zu widerlegen. Eine Grundvoraussetzung für unsere Arbeit ist, dass der beobachtete Prozess wiederholbar ist und in der

Gegenwart abläuft. Allein auf diese Weise können wir sinnvolle Rückschlüsse ziehen.

Die Wissenschaft beschäftigt sich also – in einem Satz zusammengefasst – mit dem Geschaffenen. Wahrscheinlich siehst du wie ich jetzt das Problem: Die Entstehung der Welt liegt jedoch in der Vergangenheit und ist *kein* wiederholbarer Prozess. Wir können das Ganze nicht beobachten und auch nicht nachstellen. Natürlich können wir Fossilien ausgraben und versuchen, Gesteine auf ihr Alter zu datieren. Doch gerade Altersbestimmungen sind sehr fehleranfällig und ungenau, deshalb können wir keine wirklich finalen Aussagen über das absolute Alter des Fundes machen.

Zusammenfassend gesagt: Wir können bestenfalls Theorien über die Entstehung des Lebens der Erde aufstellen.

Gott ist größer

Die Bibel wiederum ist ein Zeugnis über den Einen, der alles geschaffen hat. Gott ist derjenige, der die Sterne an ihren Platz gesetzt hat und den Planeten ihre Bahnen vorgab. Er schuf die Naturgesetze. Für mich ist es ehrlich gesagt oft recht demütigend, meiner Arbeit als Forscher nachzugehen. Ich beschäftige mich jetzt schon seit über vier Jahren mit der Beschreibung und Funktion eines kleinen Proteins. Noch heute vergeht kaum ein Tag, an dem ich nicht wieder etwas Neues über dieses Molekül lerne. Gottes Schöpfung ist so groß, dass ich immer wieder nur staunen kann.

Wir werden, solange wir auf dieser Erde leben, nie ergründen können, wie wir gemacht wurden und wie das genau ablief. Die Wissenschaft kann das Wissen hierzu schon per Definition nicht liefern. Die Evolutionstheorie versucht eine Erklärung, es gibt daneben aber auch Alternativen wie zum Beispiel das „Grundartenmodell", das eine Entstehung des Lebens im biblischen Weltbild und gleichzeitig wissenschaftlich fundiert postuliert. (*Postulieren* heißt, etwas als wahr annehmen, ohne es letztlich beweisen zu können.)

Man kann alle heute verfügbaren wissenschaftlichen Daten immer von zwei Seiten betrachten. Die Wissenschaft kann niemals die ein für alle Mal feststehende Wahrheit verkünden. Als Christ halte ich es deshalb gerne mit dem Apostel Paulus, der in einem seiner Briefe schreibt: „Es ist aber der Glaube eine feste Zuversicht und ein Festhalten an dem, *was man noch nicht sieht*" (Hebräer 11,1). Irgendwann werden wir wissen, wie alles entstanden ist – wenn Gott selbst es uns offenbart.

CHALLENGE

Mach dich doch mal zu einem Abenteuer auf und entdecke die Schöpfung neu – mit Gott als Teil der Gleichung. Du kannst mir hierfür gerne eine E-Mail über Nellis Webseite (www.nelli-bangert.de) schreiben oder einfach mal „Wort und Wissen" googeln, wenn du ein Science-Nerd wie ich bist 😊. Alternative: Besuche doch mal ein Planetarium in deiner Nähe und komme ins Staunen über das Universum, das Gott geschaffen hat.

Christian

40 CAMPING GERN – ABER NICHT FÜR IMMER!

*Denn wir wissen: Wenn dieses irdische Zelt, in
dem wir leben, einmal abgerissen wird – wenn wir
sterben und diesen Körper verlassen –, werden
wir ein ewiges Haus im Himmel haben, einen
neuen Körper, der von Gott kommt und nicht von
Menschen.*

2. Korinther 5,1

Wir leben nicht ewig. Jeder von uns muss irgendwann sterben. In mir weckt das Thema manchmal mulmige Gefühle. Ich lebe gern. Klar, nicht alles ist einfach. Natürlich gibt es Herausforderungen. Aber trotzdem liebe ich das Leben! Gott hat es mir geschenkt, und nun darf ich – gemeinsam mit ihm – mein Leben gestalten: Ich darf aus tollen Zutaten wundervolle Gerichte kreieren. Auf dem Klavier Lieder spielen. Im Wald spazieren gehen. Ausgelassen mit Freunden feiern. Bei Kerzenschein ehrliche Gespräche mit lieben Menschen genießen. Bei Lobpreismusik Zeit mit Jesus verbringen. Mich leidenschaftlich in meine Gemeinde einbringen ...

Manchmal vergessen wir, dass unser Leben ein großartiges Geschenk ist und nichts Selbstverständliches. Und gerade *weil* das Leben so wundervoll ist, finde ich das Sterben umso trauriger und krasser. Wie schwer war das für mich, als meine liebe Oma mit 74 Jahren auf einmal nicht mehr da war! Wie traurig war es für mich, als ein Mädchen aus meiner Gemeinde starb! Ja, der Tod ist schlimm. Gott hat sich ihn für uns auch nicht gewünscht. Er ist eine Folge der Sünde. Aber viel schlimmer wäre der Tod, wenn es den Himmel nicht gäbe! Das glaube ich wirklich. Wenn das Leben wirklich mit dem Tod ausgelöscht wäre, puh, dann wäre wirklich alles extrem sinnlos und traurig.

Aber – Gott sei Dank! – gibt es den Himmel. Ich finde an dem Anfangsbibelvers aus dem 2. Korintherbrief total stark, dass hier ein Vergleich zwischen einem Zelt und einem Haus gezogen wird.

Aktuell campen wir in einem Zelt. Hier und da spüren wir einen Windzug, wenn wir es nicht ordentlich verschließen. Es ist nicht sehr viel Platz drin und manchmal auch gar nicht so bequem. Wenn es stark regnet, kann Wasser reinkommen. Natürlich kann man es sich beim Campen auch richtig schön machen, aber so richtig stabil und langlebig ist diese Behausung halt nicht.

Im Leben ist es ähnlich: Wir werden enttäuscht, werden krank, haben Stressphasen, verpassen Chancen. Das Leben ist eben nicht nur großartig. Aber unsere Zukunft dagegen ist zu hundert Prozent großartig. Im Himmel erwarten uns Frieden für immer, unzerbrechliches Glück, übersprudelnde Freude und in jeder Hinsicht das blühende Leben. Es wird kein Fünkchen Schmerz und Leid mehr geben. Das Leben wird noch viel besser sein als unsere schönsten Momente hier auf der Erde.

Zu gerne würde ich mich jetzt mit dir ein wenig unterhalten. Wie stellst du dir den Himmel vor? Wenn ich mit anderen darüber rede, stelle ich immer wieder fest, dass es unglaublich viele verschiedene Vorstellungen über den Himmel gibt. Das inspiriert mich. Ich glaube, dass die Bibel recht wenig über den Himmel sagt, damit wir auch unsere Fantasie einschalten können.

Wenn ich an den Himmel denke, dann sehe ich traumhaft schöne Wanderungen mit fröhlichen Menschen in atemberaubender Natur vor mir. Und riesige Festessen... an langen Tischen – auf denen die tollsten Speisen stehen. Ich bin übrigens schon extrem gespannt, wie das Dessert im Himmel schmecken wird... Alles wird so viel herrlicher sein als hier. Ja, und dann machen wir dort die schönsten Picknicks im Park, wo Jesus direkt mit uns Gemeinschaft haben wird. Wir werden tanzen und lachen und singen und Pläne schmieden und so vieles mehr ...

Wenn ich mein Herz für den Himmel öffne, dann merke ich ganz tief, dass in mir die Angst vor dem Tod und dem Sterben kleiner wird. Dann verstehe ich, dass ich nicht für das Camping gemacht bin – auch wenn es toll ist. Ich weiß: Das Beste kommt erst noch. Übrigens: In ihrem Song „Ewigkeit" singen die Mitglieder der Outbreakband:

Die Ewigkeit ist mein Zuhause. Du hast sie mir ins Herz gelegt. Auch wenn ich sterben werde, weiß ich, dass meine Seele ewig lebt.

Amen dazu!

CHALLENGE

Lass einfach mal deiner Fantasie freien Lauf und male oder schreib auf, wie du dir den Himmel wünschst und vorstellst. Wie stellst du dir deinen Wohnort im Himmel vor?

Wie sieht deine Freizeit dort aus? Was würdest du im Himmel gerne erleben? Welche Musik willst du dann hören und mit welchen Menschen würdest du dich dort gern treffen? Denk mal krasser – über deine Lebensvorstellung hinaus. Und dann: Tausch dich mit einem Freund oder einer Freundin aus, die diese Übung auch gemacht hat. Du wirst sehen: Jeder Mensch hat seine eigene Vorstellung. Aber der Himmel wird sie alle übertreffen! ☺

Nelli

DANKE

Ein großes Dankeschön geht an unsern Papa im Himmel, dem wir diese Buchreise zu verdanken haben. Er war es, der uns den Flow, die Kreativität, die Leidenschaft für „Follow me" geschenkt hat. Danke Gott, dass du uns diesen Traum im Herzen, als Paar gemeinsam ein Buch schreiben zu dürfen, erfüllt hast. Es war uns eine ganz besondere Freude und wir sind immer noch geflasht von deinem Segen. Bitte ermutige durch dieses Buch viele Teens und Jugendliche in ganz Deutschland und darüber hinaus. Dir wollen wir folgen – unser Leben lang!

Danke auch an den besten Verlag „Gerth Medien" und ganz besonders an euch, Verena und Johannes. Danke, dass ihr uns auf dieser Reise Raum und Freiheit geschenkt habt. Das hat uns sehr gutgetan!

Danke an unsere Jugendgruppe für die unvergessliche Zeit! Wir lieben euch und ihr habt für immer einen Platz in unseren Herzen! 😊

365 Powerpacks
für deinen Glauben

„Ehrlich, lebensnah
und herausfordernd:
Ein Andachtsbuch
für junge Leute, die
im Glauben wachsen
und Gott besser
kennenlernen wollen."

Jana Highholder,
Poetry-Slammerin

Das Leben kann ganz schön kompliziert sein. Um den Durchblick nicht zu verlieren, wäre ein Plan ganz nett, oder?
Mit diesen 365 Andachten behältst du den im Blick, der den besten Plan für dein Leben hat: Gott.

Die kurzen Impulse für jeden Tag des Jahres ermutigen dazu, sich immer wieder neu auf das Abenteuer Glaube einzulassen. Und auf das Leben mit all seinen schönen und manchmal auch herausfordernden Facetten des Alltags. 365 Powerpacks für deinen Glauben!

Max Lucado • Drei Minuten mit Gott
Flexcover • 480 Seiten • ISBN 978-3-95734-151-8

Neue Zugänge zum Gebet

„Ermutigend, persönlich, inspirierend und voller schöner Gedanken und Anregungen – das perfekte Buch, um frischen Wind ins eigene Gebetsleben zu bringen, und die passenden „Werkzeuge" werden gleich mitgeliefert."

Leserstimme

Durch Gebet begegnen wir Gott. Diese Begegnung kann facettenreich sein. Doch meist greifen wir auf altbekannte Gebetsformen zurück. Kein Wunder, dass unser Gebetsleben manchmal eintönig erscheint. Höchste Zeit für neue Inspiration.

Dieses kreativ gestaltete Buch ermutigt dazu, ein lebendiges und facettenreiches Glaubens- und Gebetsleben zu entwickeln. Die alltagsnahen Impulse von Nelli Bangert werden dabei ergänzt durch die kreativen Illustrationen im Handlettering-Stil von Mira Weiss.

Bangert / Weiss (Ill.) • krea.tief beten
Gebunden • 256 Seiten • ISBN 978-3-95734-629-2